LEARNING TAGALOG

Fluency Made Fast and Easy

Second Edition

Course Book 3

Frederik and Fiona De Vos

LearningTagalog.com

Second Edition

ISBN 978-3-902909-10-7

Title of the First Edition (2011):
Learning Tagalog: A Complete Course with Audio, Volume 3

7-Book Set, ISBN 978-3-902909-07-7
    Course Book 1 (B&W), ISBN 978-3-902909-08-4
    Course Book 2 (B&W), ISBN 978-3-902909-09-1
    Course Book 3 (B&W), ISBN 978-3-902909-10-7
    Workbook 1, ISBN 978-3-902909-00-8
    Workbook 2, ISBN 978-3-902909-01-5
    Workbook 3, ISBN 978-3-902909-02-2
    Grammar Book* (Paperback), ISBN 978-90-815135-4-8

Course Audio
    7-CD Set, ISBN 978-3-902909-06-0, or
    Free MP3 downloads at LearningTagalog.com

Also available
    Course Book 1 (Color), ISBN 978-3-902909-03-9
    Course Book 2 (Color), ISBN 978-3-902909-04-6
    Course Book 3 (Color), ISBN 978-3-902909-05-3
    Grammar Book* (Large Paperback), 978-90-815135-2-4
    Grammar Book* (Large Hardcover), 978-90-815135-1-7

* Essential Tagalog Grammar, Second Edition

Learning Tagalog (LearningTagalog.com)
team@learningtagalog.com

Cover design by John Arce.

Contents

Introduction

The journey continues

Welcome back for the last 20 lessons of this course!

In this book, you'll learn more about noun affixes, adjective affixes, ordinal numbers and other number expressions, the recently completed aspect, a few new verb affixes, and various other smaller topics.

Aside from that, you will consolidate what you have learned in Course Books 1 and 2 with more examples and vocabulary. This is surely much needed after all the verb affixes in Course Book 2.

You may find this book easier than the previous two. The reason is that the basic sentence structures of Tagalog are familiar to you now.

After this book, you will have a solid foundation of Tagalog, and you'll be ready to participate in conversations.

What you will learn

Lessons 1–20 (Course Book 1)

- pronunciation
- greetings and common expressions
- all pronouns
- to go somewhere, to be somewhere (or not)
- expressing that something exists (or not)
- to have something (or not)
- expressing how things are (or not)
- some adjective intensifiers
- expressing that something is intended for someone or something
- basic verbs, vocabulary and sentence patterns
- polite speech
- buying something
- introducing people, pets and things
- days, months, past, future, telling the time
- giving directions
- questions
- expressing likes, dislikes, wants and needs
- numbers, prices and counting
- comparing things
- expressing agreement, doubt, wonder and other emotions or nuances
- na, pa, naman, pala, yata' and other enclitic particles
- cultural insights through situations and dialogues
- about 30 verbs*

Lessons 21–40 (Course Book 2)

- verbs, verb affixes and their aspects
- -um-, mag-, ma-, maka-, makapag-, -in, maki-, i-, -an, magpa-, pa-...-in, pa-...-an, ipa-, ipag-, makipag-. Some of these verb affixes have different meanings depending on the verb.

- complex sentences with clauses
- more vocabulary and expressions
- further consolidation of material from Lessons 1–20
- cultural insights through situations and dialogues
- over 90 new verbs*

Lessons 41–60 (this book)

- more verb affixes: **ika-, mag-...-an/han, mang-** (At this point, you will know how verb affixes and aspects work, and you will be able to learn new ones easily.)
- recently completed aspect
- noun affixes
- adjective affixes
- ordinal numbers, other number expressions, dates
- sentence patterns used in written Tagalog and formal spoken Tagalog
- more vocabulary and expressions
- further consolidation of material from Lessons 1–40
- cultural insights through situations and dialogues
- over 55 new verbs*

* You will learn over 175 roots combined with various affixes. You will also learn how to use pseudo-verbs; **may, mayroon/meron, marami** and **wala'** (for "to have," "there is/are/was/were (not)" etc.) and verbless "to be" sentences.

Lessons 41–60

Lesson 41
Ang mga text ko

Julius couldn't reach Mia on her cell phone.

A 01

Ang mga text ko

The *[plural]* *text message* *my*

My text messages

Hindi' mo ba natanggap ang mga text ko?

*Not by you [question] was received
the [plural] text message my?*

Didn't you receive my text messages?

Matanggap – *to (be able to) receive.* It is an object-POD **ma-** verb expressing ability.

Hindi'. Kailan ka nag-text?

No. When you texted?

No. When did you send them?

Mag-text, nag-text, nagte-text, magte-text.

Ka<u>ni</u>nang u<u>ma</u>ga.
Ilang <u>be</u>ses pa nga' e.

Earlier today-[linker] morning.
A few/several-[linker] times in addition in fact even.

This morning. I even tried several times.

Ka<u>ni</u>nang u<u>ma</u>ga – *this morning (earlier today).*

Optional reading: Combining time expressions (ETG p. 310/279).

Ilan here means *several.*

Nga' here means *in fact.*

<u>Ba</u>kit kaya' hindi' ko natanggap?
Hindi' naman low bat ang cell phone ko.

Why I wonder not by me were received?
Not [contrast] low bat (battery) the cell phone my.

I wonder why I didn't receive them. My cell phone battery wasn't running low.

Here, **naman** is used to show contrast with what might be expected.

A 06

I-text mo nga' uli' ako.

Be texted by you please again I.

Can you send me another text message.

A 07

Ayan. Natanggap mo ba?

There it is. Was received by you [question]?

There you go. Did you receive it?

A 08

Hindi'. Ano bang number ang ginagamit mo?

No. What [question]-[linker] number the is being used by you?

No. What number are you using?

Ginagamit is the uncompleted form of **gamitin**.

A 09

Itong number na ito. [...]

This-[linker] *number* *[linker]* *this. [...]*

This number. [...]

A 10

A! Hindi' na iyan ang number ko! Nagpalit kasi ako ng SIM card.

Ah! Not anymore that (near you) the number my! Changed because I [Ng marker] SIM card.

Oh, that's not my number anymore! I've changed SIM cards.

A 11

Eto ang bagong number ko.

Here is the new-[linker] number my.

Here's my new number.

Ano ba 'yan!
Palit ka nang palit ng number!

What [question] that (near you)!
Changing you and (repetition) changing [Ng marker] number!

What the heck! You keep changing numbers!

Ano ba 'yan! – *What the heck (is that)!; My goodness!; For goodness' sake!;*
For crying out loud! (expresses surprise, confusion or irritation).

Drills

B 01

Nagpalit ako **ng** cell phone.

Changed I [Ng marker] cell phone.

I changed cell phones.

B 02

Natanggap mo **ba** ang **e-mail** ko?

Was received by you [question] the e-mail my?

Did you receive my e-mail?

B 03

Ipapahiram mo **ba** sa **kanya** ang **motor** mo?

Will be lent by you [question] to him/her the motorcycle your?

Are you going to lend him/her your motorcycle?

Motor or **motorsiklo** – *motorcycle, motorbike.*

Nagpagupit siya noong Hu<u>we</u>bes.

Got a haircut he/she last Thursday.

He/she got a haircut last Thursday.

B 05

<u>Sa</u>na tu<u>mi</u>gil na ang ulan.

I hope stop now the rain.

I hope it stops raining soon. (I hope the rain stops now.)

<u>Sa</u>na + basic form – *I hope (…).*

Optional reading: **Sana** [1] (ETG p. 377/339).

B 06

Hindi' niya ipinadala ang <u>su</u>lat.

Not by him/her was sent the letter.

He/she didn't send the letter.

Ano ang ikinagalit niya?

What the caused to get angry him/her?

What made him/her angry? (What caused him/her to get angry?)

Ikinagalit is the completed form of ikagalit.

Ikagalit – *to cause (someone) to get angry.* The POD is the cause of the action. Ikinagalit niya ang balita'. – *He/she got angry because of the news. / The news made him/her angry.*

The person made angry is expressed as a Ng phrase.

Optional reading: Ika- (ETG p. 119/104).

Huwag ninyo sanang ikagagalit ang sasabihin ko.

Not you (plural) I hope-[linker] will cause to get angry the will be said by me.

I hope you won't get angry because of what I'm going to say. (I hope what I'm going to say won't cause you to get angry.)

Huwag sana (-ng) – *I hope… not.*

Ikagagalit is the unstarted form of ikagalit. Ikagagalit ninyo ang (…) – *(…) will make you angry.*

Ang mga text ko

Hindi' mo ba natanggap ang mga text ko?
Hindi'. Kailan ka nag-text?
Kaninang umaga. Ilang beses pa nga' e.
Bakit kaya' hindi' ko natanggap? Hindi' naman low bat ang cell phone ko.
I-text mo nga' uli' ako.
Ayan. Natanggap mo ba?
Hindi'. Ano bang number ang ginagamit mo?
Itong number na ito. […]
A! Hindi' na iyan ang number ko! Nagpalit kasi ako ng SIM card.
Eto ang bagong number ko.
Ano ba 'yan! Palit ka nang palit ng number!

Drills

Nagpalit ako ng cell phone.
Natanggap mo ba ang e-mail ko?
Ipapahiram mo ba sa kanya ang motor mo?
Nagpagupit siya noong Huwebes.
Sana tumigil na ang ulan.
Hindi' niya ipinadala ang sulat.
Ano ang ikinagalit niya?
Huwag ninyo sanang ikagagalit ang sasabihin ko.

Lesson 42
Mahilig ka bang mag-dive?

Uncle Helmut called from Switzerland to say they would visit the Philippines and go diving in Bohol.

A 01

Mahilig ka bang mag-dive?

Fond of you [question]-[linker] diving?

Do you like to dive?

Mahilig (-ng) + basic form – *fond of (…)*. The linker **-ng** is optional here. It may be added after words ending in a vowel.

A 02

Tumawag daw **si** **Tito** Helmut **galing** Switzerland.

Called *I've heard* *[Ang marker]* *Uncle Helmut* *from* *Switzerland.*

I've heard that Tito Helmut called from Switzerland.

A 03

Ano ang sabi niya?

What *the* *said* *by him/her?*

What did he say?

A 04

Darating daw **sila** sa **Pilipinas** sa **Marso.**

Will arrive *from what I hear* *they* *in* *Philippines* *in* *March.*

(I've heard) they'll come to the Philippines in March.

A 05

Talaga?

Really?

Really?

A 06

**Sa Bohol daw sila tutuloy.
Gusto kasi nilang mag-dive.**

*In Bohol I've heard they will stay.
Wanted because by them-[linker] to dive.*

He said they'd stay in Bohol, because they wanted to go diving.

Here, **tumuloy** means *to stay.*

A 07

**Tinanong niya
kung gusto nating sumama.**

*Was asked by him/her
whether wanted by us (incl. you)-[linker] to come along.*

He asked if we wanted to come along.

A 08

**Oo, syempre, gusto ko.
Kaso lang wala' tayong equipment.**

*Yes, of course, wanted by me.
The only thing is have no we (incl. you)-[linker] equipment.*

*Yes, of course, I'd love to. The only thing is, we don't have any
(diving) equipment.*

Pw<u>e</u>deng mag-rent ng equipment doon.

Possible-[linker] *to rent* *[Ng marker]* *equipment* *over there.*

We can rent equipment there. (It's possible to rent equipment there.)

Pw<u>e</u>deng mag-rent. – *It's possible to rent.*

**E si T<u>i</u>ta Myrna,
nagda-dive rin ba siya?**

How about *[Ang marker]* *Aunt Myrna,*
dives *also* *[question]* *he/she?*

And how about Tita Myrna? Is she into diving too?

Hindi'.

No.

No.

A 12

Ba̲kit? Delika̲do bang mag-dive?

Why? Dangerous [question]-[linker] to dive?

Why? Is diving dangerous? (Is it dangerous to dive?)

Delika̲do (-ng) + basic form – *It's dangerous to (...).* The linker **-ng** is optional here. It may be added after words ending in a vowel.

A 13

Hindi' naman. Takot lang siya.

No [softener]. Scared just he/she.

Not really. She's just scared.

Drills

B 01

Simbilis ko **si** John.

As fast as me [Ang marker] John.

John is as fast as me.

Simbilis – *as fast as.*

B 02

Kasimbilis ko **si** John.

As fast as me [Ang marker] John.

John is as fast as me.

Kasimbilis – *as fast as.*

Optional reading: **Sing- / kasing-** (ETG p. 263/237).

Magkasimbilis lumangoy **sina** John **at** Greg.

Equally fast (for 2) swim [Ang marker] John and Greg.

John and Greg swim equally fast.

Magkasimbilis – *equally fast (for 2 persons or things).*

Lumangoy is in the basic form. **Magkasimbilis** describes the way the action is characteristically performed.

Optional reading: **Magsing- / magkasing-** (ETG p. 264/238) and Adjective + basic form (characteristically performed) (ETG p. 230/207).

Magkakasimbilis tumakbo **ang** tatlo.

Equally fast (for 3+) run the three.

The three (of them) run equally fast.

Magkakasimbilis – *equally fast (for 3 or more persons or things).*

Optional reading: **Magsising- / magkakasing-** (ETG p. 265/239).

Kabar**k**ada ko siya.

Friend my he/she.

He's one of my friends.

Bark**ada** – *group of friends.* **Kabar**k**ada** – *a friend; a person belonging to someone's group of friends.*

Optional reading: **Ka-** (ETG p. 83/71).

Magkabar**k**ada silang dalawa.

Belonging to the same group of friends (for 2) they-[linker] two.

The two of them are friends.

Magkabark**ada** – *two persons belonging to the same group of friends.*

Optional reading: **Mag-** (ETG p. 86/74).

Silang dalawa – *the two of them.*

Magkakabarkada silang lahat.

Belonging to the same group of friends (for 3+) they-[linker] all.

They're all friends.

Magkakabarkada – *three or more persons belonging to the same group of friends.* Also: **magkakabarkada**.

Optional reading: **Mag-** +rep1 [1] (ETG p. 88/75).

Silang lahat – *all of them.*

B 08

Darating mamaya' ang mag-ina.

Will arrive later today the mother and child.

She and her child will arrive later today.

Ina – *mother.* **Mag-ina** – *mother and child.*

Mahilig mag-dive ang mag-aama.

Fond of diving the father and children.

He and his kids enjoy diving.

Ama – *father.* **Mag-ama** – *father and child.* **Mag-aama** – *father and children.*

May lakad ang maglololo.

Have errand/outing the grandfather and grandchildren.

He and his grandchildren are going somewhere.

Lolo – *grandfather.* **Maglololo** – *grandfather and grandchildren.*

Mahilig ka bang mag-dive?

Tumawag daw si Tito Helmut galing Switzerland.
Ano ang sabi niya?
Darating daw sila sa Pilipinas sa Marso.
Talaga?
Sa Bohol daw sila tutuloy. Gusto kasi nilang mag-dive.
Tinanong niya kung gusto nating sumama.
Oo, syempre, gusto ko. Kaso lang wala' tayong equipment.
Pwedeng mag-rent ng equipment doon.
E si Tita Myrna, nagda-dive rin ba siya?
Hindi'.
Bakit? Delikado bang mag-dive?
Hindi' naman. Takot lang siya.

Drills

Simbilis ko si John.
Kasimbilis ko si John.
Magkasimbilis lumangoy sina John at Greg.
Magkakasimbilis tumakbo ang tatlo.
Kabarkada ko siya.
Magkabarkada silang dalawa.
Magkakabarkada silang lahat.
Darating mamaya' ang mag-ina.
Mahilig mag-dive ang mag-aama.
May lakad ang maglololo.

Lesson 43
Ang reunion

Mia asks Julius how the reunion went.

A 01

Ang reunion

The reunion

The reunion

Masaya ba ang reunion sa beach noong S̲abado?

Fun [question] the reunion on beach last Saturday?

Did you have a good time at the reunion on the beach last Saturday?

O̲o. Nagkwent̲uhan kami nang matagal.

Yes. Swapped stories we (excl. you) for long (for time).

Yes. We swapped stories for hours.

Kwento – *story.*

Magkwent̲uhan – *to tell each other stories.* The affix **mag-...-an** means *to do something together, simultaneously or reciprocally.*

Optional reading: **Mag-...-an** (ETG p. 153/136).

At s̲yempre lumangoy rin kami.

And of course swam also we (excl. you).

And we also swam, of course.

Tapos, nagkantahan at nag-inuman.

Then, sang together *and* drank together.

Then, we sang and had some drinks.

Magkantahan – *to sing together, to sing one after another.*

Mag-inuman – *to drink (alcoholic drinks) together.*

**Nandoon rin ang tiyo ni Reybert.
Ang may-ari' ng resort.**

*Was over there also the uncle of Reybert.
The owner of resort.*

Reybert's uncle was there too. He's the owner of the resort.

Mapagbiro' pala siya.

Likes telling jokes [surprise] he/she.

I didn't know he was such a joker.

Mapagbiro' – *funny (someone who likes telling jokes).*

Optional reading: **Mapag-** (ETG p. 250/225).

Talaga?

Really?

Really?

Tapos, kumanta siya ng My Way.
Ang galing niyang kumanta.

Then, sang he/she [Ng marker] My Way.
Very good at of him/her-[linker] singing.

And then, he sang My Way. He sings very well.

Ang galing (-ng) + basic form – *very good at (…).*

Magaling kumanta – *sings well.*

E ikaw, kumanta ka rin ba?

How about you, sang you also [question]?

How about you? Did you sing too?

Hindi'. Nahiya' ako.

No. Got shy I.

No. I was too shy.

Mahiya' – *to feel ashamed, to be embarrassed, to be shy.*

Drills

B 01

Nagkan<u>ta</u>han sila **ka<u>ni</u>na.**

Sang together *they* *earlier today.*

They sang together earlier today. (They had a singing bout earlier today.)

B 02

Nagsulatan sila **nang** tatlong **taon.**

Wrote each other *they* *for* *three-[linker]* *year.*

They wrote each other for three years.

Magsulatan – *to write each other.*

Nang tatlong taon – *for three years.*

Optional reading: **Nang** (ETG p. 307/276).

Sino ang kakantahan mo?

Who the will be sung to by you?

Who will you sing to?

Kantahan is a direction-POD verb. The POD is the person sung to.

Kakantahan ko ang girlfriend ko.

Will be sung to by me the girlfriend my.

I'll sing to my girlfriend.

Ano ang kakantahin mo?

What the will be sung by you?

What will you sing?

Kantahin is an object-POD verb. The POD is what is sung.

Bed of Roses ang kakantahin ko.

Bed of Roses *the* *will be sung* *by me.*

I'll sing Bed of Roses.

Gusto mo bang kumanta?

Wanted *by you* *[question]-[linker]* *to sing?*

Do you want to sing?

Ayoko. Nakakahiya'.

I don't want. *Embarrassing.*

I don't want to. It's embarrassing.

Biro' lang!

Joke *only!*

Just kidding!

Palabiro' talaga siya.

Likes telling jokes really he/she.

He's a real joker.

Palabiro' – *funny (someone who likes telling jokes).*

Optional reading: **Pala-** (ETG p. 255/229).

Ang reunion

Masaya ba ang reunion sa beach noong Sabado?
Oo. Nagkwentuhan kami nang matagal.
At syempre lumangoy rin kami.
Tapos, nagkantahan at nag-inuman.
Nandoon rin ang tiyo ni Reybert. Ang may-ari' ng resort.
Mapagbiro' pala siya.
Talaga?
Tapos, kumanta siya ng My Way. Ang galing niyang kumanta.
E ikaw, kumanta ka rin ba?
Hindi'. Nahiya' ako.

Drills

Nagkantahan sila kanina.
Nagsulatan sila nang tatlong taon.
Sino ang kakantahan mo?
Kakantahan ko ang girlfriend ko.
Ano ang kakantahin mo?
Bed of Roses ang kakantahin ko.
Gusto mo bang kumanta?
Ayoko. Nakakahiya'.
Biro' lang!
Palabiro' talaga siya.

Lesson 44
T<u>si</u>smis sa opi<u>si</u>na

Two employees are gossiping about their boss, Mr. Reyes.

A 01

T<u>si</u>smis sa **opi<u>si</u>na**

Gossip *at* *office*

Office gossip

**Nagpapatayo' raw si Mr. Reyes
ng isang malaking bahay sa Cavite.**

*Is having built I've heard [Ang marker] Mr. Reyes
[Ng marker] one-[linker] big-[linker] house in Cavite.*

I've heard Mr. Reyes is having a big house built in Cavite.

Magpatayo' ng bahay – *to have a house built.*

Talaga? Sino ang nagsabi sa iyo?

Really? Who the said to you?

Really? Who told you that?

Si Carlo.

[Ang marker] Carlo.

Carlo.

Si Carlo, ang anak ni Mr. Reyes?

[Ang marker] Carlo, the son/daughter of Mr. Reyes?

Carlo, Mr. Reyes' son?

Oo.

Yes.

Yes.

Kailan kayo nagkita'?

When you (plural) saw each other?

When did you see each other?

Pumunta siya dito sa opisina noong Biyernes.
Wala' ka noon dito.

Went he/she here in office last Friday.
Were not you then here.

He came here, to the office, last Friday. You weren't here then.

Pumunta – *to go or come to a place or person.*

Ano ang ginawa' ni Carlo dito?

What the was done by Carlo here?

What did Carlo do here?

May hinatid lang daw.

Had was brought just he/she said.

He said he just had to drop something.

Ihatid – *to bring, to take, to escort, to usher, to see off.* The **i-** is often dropped in the completed and uncompleted forms of **i-** verbs. Examples: **(i)hinatid, (i)hinahatid.**

A 11

Hindi' ba niya kasama
iyong girlfriend niyang mayabang?

Not [question] him/her accompanying
that (over there)-[linker] girlfriend his/her-[linker] arrogant?

Was his arrogant girlfriend there too? (Wasn't that arrogant girlfriend of his with him?)

Kasama niya – *with him/her, accompanying him/her.* **Hindi' niya kasama** – *not with him/her, not accompanying him/her.*

Mayabang – *boastful, arrogant.*

A 12

Sino? Iyong masungit
at laging nagrereklamo?

Who? That (over there)-[linker] unfriendly
and always-[linker] complaining?

Which one? (Who?) The one who's grumpy and always complaining?

Masungit – *gruff, unfriendly, irritable.*

Oo, iyon nga'.

Yes, that (over there) indeed.

Yes, that one.

A 14

Hindi', wala' siya noong Biyernes.

No, was not here he/she last Friday.

No, she wasn't here last Friday.

Wala' can also mean *not present, not there* or *not here*.

A 15

Buti na lang.

Good thing.

Good thing.

Buti na lang – *good thing, thank goodness*.

Drills

B 01

Hinatid niya **ang** girlfriend **niya** sa **ba**hay niya.

Was taken by him/her *the* girlfriend *his/her* to *house* his/her.

He took his girlfriend to her home.

B 02

Wala' si **Bong** noong **Sa**bado.

Was not there [Ang marker] *Bong* last *Saturday.*

Bong wasn't there last Saturday.

B 03

Mahilig magtsismisan **ang** mga **empleyado.**

Fond of gossiping with one another *the* [plural] *employee.*

The employees like to gossip.

Magtsismisan – *to gossip with one another.*

B 04

Sino ang umutang sa iyo?

Who the borrowed money from you?

Who borrowed money from you?

Umutang sa – *to borrow money from (…).*

B 05

Si Josh ang umutang sa akin.

[Ang marker] Josh the borrowed money from me.

Josh was the one who borrowed money from me.

B 06

Bayaran mo ang utang mo.

Be paid by you the debt your.

Pay off your debt.

Bayaran – *to pay someone or something.* **Bayaran mo si John.** – *Pay John.*
Bayaran mo ang utang. – *Pay (off) the debt.*

Pautang naman
ng limang **daan.**

Could you let me borrow (money) please
[Ng marker] five-[linker] hundred.

Could you please lend me five hundred (pesos).

Pautangin mo **naman** ako
ng limang **daan.**

Be allowed to borrow by you please I
[Ng marker] five-[linker] hundred.

Could you please lend me five hundred (pesos).

Pautangin – *to lend money* (lit. *to let someone borrow money*).

Tsismis sa opisina

Nagpapatayo' raw si Mr. Reyes ng isang malaking bahay sa Cavite.
Talaga? Sino ang nagsabi sa iyo?
Si Carlo.
Si Carlo, ang anak ni Mr. Reyes?
Oo.
Kailan kayo nagkita'?
Pumunta siya dito sa opisina noong Biyernes. Wala' ka noon dito.
Ano ang ginawa' ni Carlo dito?
May hinatid lang daw.
Hindi' ba niya kasama iyong girlfriend niyang mayabang?
Sino? Iyong masungit at laging nagrereklamo?
Oo, iyon nga'.
Hindi', wala' siya noong Biyernes.
Buti na lang.

Drills

Hinatid niya ang girlfriend niya sa bahay niya.
Wala' si Bong noong Sabado.
Mahilig magtsismisan ang mga empleyado.
Sino ang umutang sa iyo?
Si Josh ang umutang sa akin.
Bayaran mo ang utang mo.
Pautang naman ng limang daan.
Pautangin mo naman ako ng limang daan.

Lesson 45
Hindi' ka nagba͟go!

Two old classmates meet again after a long time.

A 01

Hindi' ka nagba͟go!

Not you changed!

You haven't changed!

Oy, Albert, kumusta?

Hey, Albert, how are you?

Hey Albert, how are you?

A 03

Mabuti, ikaw?

Fine, you?

Fine, and you?

A 04

Mabuti rin. Hindi' ka nagbago a!

Fine too. Not you changed [surprise]!

I'm fine too. You haven't changed!

A 05

Anong balita'?

What-[Ang marker] news?

How's it going?

A 06

May tra<u>ba</u>ho na ako sa May<u>ni</u>la'. Ikaw?

Have work now I in Manila. You?

I work in Manila now. (And) you?

A 07

Nag-<u>aa</u>ral pa ako ng Marketing <u>di</u>to sa Calamba'.

Am studying still I [Ng marker] Marketing here in Calamba.

I'm still studying Marketing here in Calamba.

A 08

A. At kumusta naman ang kapatid mo?

Ah. And how is [contrast] the sibling your?

I see. And how's your brother doing?

Ma<u>bu</u>ti naman. Malaki na siya.
Magkasintangkad na nga' kami ngayon.

Fine [softener]. Big now he/she.
Equally tall (for 2) already in fact we (excl. you) now.

He's doing fine. He's grown a lot. He's as tall as me now. (He's tall now. In fact, we're equally tall now.)

Here, **naman** is used to soften what is said, or to make it less direct or less definite. **Ma<u>bu</u>ti naman** – *Fine (not very good but not very bad either).*

Na<u>aa</u>lala ko pa na ang liit niya noon,
at ang likot!

Is remembered by me still [linker] how small of him/her back then,
and how restless!

I remember that he was so small back then, and so restless!

Malikot – *restless, fidgety, hyperactive.*

Oo nga' e.
Ano **pala** ang **ginagawa'** mo **rito**?

Yes *that's right* *I think so too.*
What *by the way* *the* *is being done* *by you* *here?*

Yes, I remember that too. What are you doing here, by the way?

Oo nga' e. – *Yes, that's right (I think so too; I feel the same way; I remember that too).*

A 12

Kakapunta ko **lang** sa **munisipyo**
para **kumuha'** ng mga **papeles.**

Just gone *by me* *just* *to* *town hall*
in order to *get* *[Ng marker]* *[plural]* *papers.*

I just went to the town hall to get some documents.

Kaka- + root + **lang** is one of the ways to form the recently completed form. The doer of the action is expressed as a Ng phrase. **Kakakain ko lang** – *I have just eaten* or *I had just eaten (when something happened).*

Para here means *(in order) to.*

A. Sige, mauuna na ako. May klase pa ako.

Ah. All right, will leave before you now I. Have class still I.

I see. All right, I gotta go. I still have a class.

Mauna – *to do before others, to precede.*

Mauna here means *to leave before others.*

Mauuna na ako *(I'll leave now)* is a common way of saying *bye.*

Optional reading: **Bye** (ETG p. 429/387).

Pakumusta na lang sa kapatid mo, ha?

Could you say hello for me just to sibling your, OK?

Say hello to your brother for me, OK?

Sige. Ingat.

All right. Take care.

All right. Take care.

A 16

Bye!

Bye!

Bye!

Drills

B 01

Ka<u>ka</u>kain ko lang.

Just eaten by me just.

I just ate.

B 02

<u>Ka</u>kaalis niya lang.

Just left by him/her just.

He/she just left.

B 03

Na<u>ki</u>ta' mo na ba si Al?
Tumaba' siya nang <u>kon</u>ti'.

Was seen by you already [question] [Ang marker] Al?
Got fat he/she [manner] little.

Have you seen Al (lately)? He gained a bit of weight.

Nang <u>kon</u>ti' or **nang kaunti'** – *a bit.*

Papayat ka **pag** vegetarian **ka.**

Will get thin you *when* vegetarian *you.*

You'll lose weight when you become a vegetarian. (… when you're a vegetarian.)

Kumain na **tayo, h**abang **mainit.**

Eat now we (incl. you), while hot.

Let's eat, while it's hot.

Kain tayo!

Eat we (incl. you)!

Let's eat!

Kain tayo! *(Let's eat!)* is often used as a greeting by someone who's eating. The usual response is: **Sige, salamat.** – *No, thanks.* (Lit. *OK, thanks.*)

Nakapunta ka na ba sa Banaue?

Was able to go *you* *ever* *[question]* *to* *Banaue?*

Have you (ever) been to Banaue?

Nakapunta na sa – *has (ever) been to (…).*

Optional reading: Verb expressing ability in completed form + **na** (ETG p. 348/313).

Oo, noong maliit pa ako.

Yes, when small still I.

Yes, when I was small.

Here, **noong** means *when (for past actions or situations).*

Optional reading: **Noong** (ETG p. 306/276).

Nakakapunta ka ba sa mall?

Are able to go *you* *[question]* *to* *mall?*

Are you able to go to the mall (regularly)?

Hindi'. Wala' akong oras.

No. Have no I-[linker] time.

No. I don't have the time.

Before moving on to Lesson 46, it's a good idea to review Lessons 36–40.

Hindi' ka nagbago!

Oy, Albert, kumusta?
Mabuti, ikaw?
Mabuti rin. Hindi' ka nagbago a!
Anong balita'?
May trabaho na ako sa Maynila'. Ikaw?
Nag-aaral pa ako ng Marketing dito sa Calamba'.
A. At kumusta naman ang kapatid mo?
Mabuti naman. Malaki na siya. Magkasintangkad na nga' kami
ngayon.
Naaalala ko pa na ang liit niya noon, at ang likot!
Oo nga' e. Ano pala ang ginagawa' mo rito?
Kakapunta ko lang sa munisipyo para kumuha' ng mga papeles.
A. Sige, mauuna na ako. May klase pa ako.
Pakumusta na lang sa kapatid mo, ha?
Sige. Ingat.
Bye!

Drills

Kakakain ko lang.
Kakaalis niya lang.
Nakita' mo na ba si Al? Tumaba' siya nang konti'.
Papayat ka pag vegetarian ka.
Kumain na tayo, habang mainit.
Kain tayo!
Nakapunta ka na ba sa Banaue?
Oo, noong maliit pa ako.
Nakakapunta ka ba sa mall?
Hindi'. Wala' akong oras.

Lesson 46
Tungkol sa Pilipinas

About the Philippines.

A 01

Tungkol sa Pilipinas

About Philippines

About the Philippines

A 02

Ang Republika ng Pilipinas ay isang bansang kapuluan.

The Republic of the Philippines [ay] one-[linker] country-[linker] archipelago.

The Republic of the Philippines is an island country (archipelagic country).

In this sentence, the POD is followed by **ay** and comes before the News. This sentence pattern is generally used in written Tagalog and formal spoken Tagalog.

Optional reading: POD–**ay**–News (ETG p. 424/381).

A 03

Humigit-kumulang siyamnapu't milyong tao ang naninirahan dito.

Approximately ninety million-[linker] person the are residing here.

It has approximately ninety million inhabitants. (Approximately ninety million people live here.)

Manirahan (formal) – *to reside, to inhabit.* **Ang naninirahan** – *the person/people who is/are residing; the resident(s).*

Ang mga pangunahing bahagi' ng Pilipinas ay Luzon, Visayas at Mindanao.

The [plural] main-[linker] part of Philippines [ay] Luzon, Visayas and Mindanao.

The major island groups of the Philippines are Luzon, Visayas and Mindanao.

Pangunahin (formal) – *principal, main.*

Ang kabisera ng bansa' ay ang Maynila' na may sampung milyong naninirahan.

The capital of country [ay] the Manila [linker] has ten-[linker] million-[linker] are residing.

The capital of the country is Manila, with a population of ten million.

**Ang Cebu at Iloilo ay
ang pinakamalalaking lungsod sa Visayas.**

*The Cebu and Iloilo [ay]
the largest (plural) city in Visayas.*

Cebu and Iloilo are the largest cities in the Visayas.

Malaki – *big, large*. **Malalaki** – *big, large [plural]*.

A plural adjective can be used instead of **mga** to indicate the plural number.

Optional reading: Plural adjectives (ETG p. 262/235).

**Ang Davao ay
ang pinakamalaking lungsod sa Mindanao.**

*The Davao [ay]
the largest city in Mindanao.*

Davao is the largest city in Mindanao.

A 08

Ang karam<u>i</u>han **sa** mga **Pilip<u>i</u>no** ay **Kris<u>ty</u>ano.**

The majority of [plural] Filipino [ay] Christian.

The majority of Filipinos are Christian.

Ang karam<u>i</u>han sa – *the majority of, most of.*

A 09

Ang mga **opisyal** na <u>**wika'**</u> ay **Filip<u>i</u>no** at **Ingles.**

The [plural] official [linker] language [ay] Filipino and English.

The official languages are Filipino and English.

Filipino is essentially the same as Tagalog.

Drills

B 01

Estudyante si **Mia.**

Student *[Ang marker]* *Mia.*

Mia is a student.

B 02

Si Mia ay isang estudyante.

[Ang marker] *Mia* *[ay]* *one-[linker]* *student.*

Mia is a student.

This sentence pattern is generally used in written Tagalog and formal spoken Tagalog.

B 03

Matalino si **Mia.**

Intelligent *[Ang marker]* *Mia.*

Mia is smart.

Si Mia ay matalino.

[Ang marker] Mia *[ay]* intelligent.

Mia is smart.

This sentence pattern is generally used in written Tagalog and formal spoken Tagalog.

Pareho silang matangkad.

Both they-[linker] tall.

They are both tall.

Pareho (-ng) – *both.*

Pareho can also mean *similar, the same* or *identical*. **Pareho sila.** – *They are the same.*

Sino ang aalis mamaya'?

Who the will leave later today?

Who's leaving later today?

B 07

Ikaw ba ang aalis mamaya'?

You [question] the will leave later today?

Are you the one who's leaving later today?

B 08

Aalis ka ba mamaya'?

Will leave you [question] later today?

Are you leaving later today?

B 09

Tumira ako sa Laguna noong maliit pa ako.

Lived I in Laguna when small still I.

I lived in Laguna when I was small.

Ang bahay na iyan ang tinirhan ko noon.

The house [linker] that (near you) the lived in by me back then.

That house is where I lived back then.

Tirhan – *to reside* or *live in*. The POD is the place lived in. **Tinirhan ko ang bahay.** – *I lived in the house.*

Sa ibang bansa' ako nakatira ngayon.

In other-[linker] country I living now.

I live abroad now. (I live in another country now.)

Tungkol sa Pilipinas

Ang Republika ng Pilipinas ay isang bansang kapuluan.
Humigit-kumulang siyamnapu't milyong tao ang naninirahan dito.
Ang mga pangunahing bahagi' ng Pilipinas ay Luzon, Visayas at
Mindanao.
Ang kabisera ng bansa' ay ang Maynila' na may sampung milyong
naninirahan.
Ang Cebu at Iloilo ay ang pinakamalalaking lungsod sa Visayas.
Ang Davao ay ang pinakamalaking lungsod sa Mindanao.
Ang karamihan sa mga Pilipino ay Kristyano.
Ang mga opisyal na wika' ay Filipino at Ingles.

Drills

Estudyante si Mia.
Si Mia ay isang estudyante.
Matalino si Mia.
Si Mia ay matalino.
Pareho silang matangkad.
Sino ang aalis mamaya'?
Ikaw ba ang aalis mamaya'?
Aalis ka ba mamaya'?
Tumira ako sa Laguna noong maliit pa ako.
Ang bahay na iyan ang tinirhan ko noon.
Sa ibang bansa' ako nakatira ngayon.

Lesson 47
Mga bayani

About important people in Philippine history: Jose Rizal, Andres Bonifacio and Emilio Aguinaldo.

A 01

Mga bayani

[Plural] hero

Heroes

**Si Jose Rizal ay
ang pambansang bayani ng Pilipinas.**

*[Ang marker] Jose Rizal [ay]
the national-[linker] hero of Philippines.*

Jose Rizal is the national hero of the Philippines.

**Isinilang siya noong ikalabing-siyam ng Hunyo,
taong 1861 sa Calamba'.**

*Was born he/she on nineteenth of June,
year-[linker] 1861 in Calamba.*

He was born in Calamba on the 19th of June, 1861.

Isilang (formal) – *to be born.*

Siya ay isang manggagamot at manunulat.

He/she [ay] one-[linker] physician and writer.

He was a physician and a writer.

Manggagamot (formal) – *physician.*

**Nasa Europa siya nang isulat niya
ang Noli Me Tangere at El Filibusterismo.**

*Was in Europe he/she when to be written by him/her
the Noli Me Tangere and El Filibusterismo.*

*He was in Europe when he wrote Noli Me Tangere and El
Filibusterismo.*

Here, **nang** means *when* (for past actions or situations). It is generally
followed by the basic form of the verb.

The novels **Noli Me Tangere** and **El Filibusterismo** are Rizal's best-
known works.

**Binatikos ng mga nobelang ito
ang mga abuso ng mga Kastila'.**

*Were criticized by [plural] novel-[linker] this
the [plural] abuse of [plural] Spaniard.*

The novels criticized the abuses of the Spaniards.

Batikusin (formal) – *to criticize severely.*

Ito ang **dahilan** kung b̲akit s̲iya binaril
noong ikatatlumpu′ ng Dis̲y̲embre, **1896.** [...]

*This the reason why he/she was shot
on thirtieth of December, 1896. [...]*

This was the reason why he was shot on the 30th of December, 1896.
[...]

Ang dahilan kung b̲akit – *the reason why.*

Baril – *gun.* **Bumaril** – *to shoot.* **Barilin** – *to be shot.*

Si Andres Bonif̲acio **ay** ipinanganak
noong ikatatlumpu′ ng Nob̲y̲embre, **1863.**

*[Ang marker] Andres Bonifacio [ay] was born
on thirtieth of November, 1863.*

Andres Bonifacio was born on the 30th of November, 1863.

Ipanganak – *to be born.*

Siya ay ang Ama ng Katipunan.

He/she [ay] the "Father of Katipunan".

He was the "Father of the Katipunan".

Katipunan was a society founded by Bonifacio, with the aim of gaining independence from Spain by means of a revolution.

A 10

**Ang mga Katipunero ang nag-umpisa
ng himagsikan laban sa mga Kastila'. [...]**

*The [plural] Katipunero the started
[Ng marker] revolution against [plural] Spaniard. [...]*

The Katipuneros started the revolution against the Spaniards. [...]

A 11

**Si Emilio Aguinaldo
ang nagtatag ng Rebolusyonaryong Gobyerno.**

*[Ang marker] Emilio Aguinaldo
the founded [Ng marker] Revolutionary Government.*

Emilio Aguinaldo formed the Revolutionary Government.

Si Aguinaldo ay
ang unang pangulo ng Unang Republika ng Pilipinas.

[Ang marker] Aguinaldo [ay]
the first-[linker] president of First Republic of the Philippines.

Aguinaldo was the first president of the First Republic of the Philippines.

Drills

B 01

Alam mo ba ang pambansang awit?

Known by you [question] the national-[linker] song?

Do you know the national anthem?

B 02

Ano ang petsa ngayon?

What the date today?

What's the date today?

B 03

Ano ba ngayon?

What [question] today?

What's the date today? (What is it today?)

una, ikalawa, ikatlo, ikaapat, ikalima

first, second, third, fourth, fifth

first, second, third, fourth, fifth

Ordinal numbers starting with **ika-** are generally used in written Tagalog and formal spoken Tagalog.

ikaanim, ikapito, ikawalo, ikasiyam, ikasampu'

sixth, seventh, eighth, ninth, tenth

sixth, seventh, eighth, ninth, tenth

ikalabing-isa, ikalabindalawa, ..., ikadalawampu'

eleventh, twelfth, ..., twentieth

eleventh, twelfth, ..., twentieth

**ikadalawampu't isa, ikadalawampu't dalawa, ...,
ikatatlumpu'**

*twenty-first, twenty-second, ...,
thirtieth*

twenty-first, twenty-second, ..., thirtieth

Mga bayani

Si Jose Rizal ay ang pambansang bayani ng Pilipinas.
Isinilang siya noong ikalabing-siyam ng Hunyo, taong 1861 sa
Calamba'.
Siya ay isang manggagamot at manunulat.
Nasa Europa siya nang isulat niya ang Noli Me Tangere at
El Filibusterismo.
Binatikos ng mga nobelang ito ang mga abuso ng mga Kastila'.
Ito ang dahilan kung bakit siya binaril noong ikatatlumpu' ng
Disyembre, 1896. [...]
Si Andres Bonifacio ay ipinanganak noong ikatatlumpu' ng
Nobyembre, 1863.
Siya ay ang Ama ng Katipunan.
Ang mga Katipunero ang nag-umpisa ng himagsikan laban sa mga
Kastila'. [...]
Si Emilio Aguinaldo ang nagtatag ng Rebolusyonaryong Gobyerno.
Si Aguinaldo ay ang unang pangulo ng Unang Republika ng Pilipinas.

Drills

Alam mo ba ang pambansang awit?
Ano ang petsa ngayon?
Ano ba ngayon?
una, ikalawa, ikatlo, ikaapat, ikalima
ikaanim, ikapito, ikawalo, ikasiyam, ikasampu'
ikalabing-isa, ikalabindalawa, ..., ikadalawampu'
ikadalawampu't isa, ikadalawampu't dalawa, ..., ikatatlumpu'

Lesson 48
Sa <u>bu</u>kid

Pablo just spent some time at his grandfather's farm on a mountain.

A 01

Sa <u>bu</u>kid

At farm

At the farm

<u>Bu</u>kid – *farm, field.*

Bakit parang umitim ka, Pablo?

Why it seems became dark you, Pablo?

It looks like you got darker, Pablo. How come?

Here, **para -ng** means *it seems*.

Umitim – *to become dark in color*.

A, kasi galing ako sa bukid ng lolo ko.

Ah, because coming from I [Sa marker] farm of grandfather my.

Oh, that's because I just came back from my grandfather's farm.

Galing sa – *from, coming from*.

Talaga? Ano ang ginawa' mo roon?

Really? What the was done by you over there?

Really? What did you do there?

Tagaa<u>la</u>ga′ ako ng mga <u>ba</u>boy at kalabaw.

Caretaker I of [plural] pig and carabao.

I took care of the pigs and the carabaos.

Tagaalaga′ – *keeper, caretaker, sitter (lit. someone tasked with taking care of persons or animals).*

Optional reading: **Taga-** [2], **tagapag-, tagapang-** (ETG p. 98/85).

Ang saya naman!

How fun [fascination/wonder/etc.]!

That must be so much fun!

Hindi′ ano! Na<u>ka</u>kapagod ang tra<u>ba</u>ho! At ang <u>ba</u>ho′!

No you know! Tiring the work! And very stinky!

No, not at all! The work was exhausting! And it really stank there!

Ano (or **no**) can be used to mean *you know* (used for emphasis or to correct someone).

Talaga?

Really?

Really?

Oo. Sobra. At may dumi kung saan-saan.

Yes. Extremely. And there was dung all over the place.

Yes. It was terrible. And there's dung all over the place.

Dumi – *dirtiness, dirt, dung, stool.*

Kung saan-saan – *all over the place.*

Talagang nahirapan ako.
Tapos, nahulog pa ang isang sapatos ko sa ilog.

Really-[linker] had difficulty I.
Then, fell in addition the one-[linker] shoe my into river.

I really had a hard time. On top of that, one of my shoes fell into the river.

Mahirapan – *to have a hard time.*

Mahirapan sa – *to find something difficult.* **Nahirapan ako sa exam.** *– I found the exam difficult.*

Tapos, nasa bundok pa ang bukid!
Maginaw doon pag gabi! Kaya' nagkasipon ako.

Then, is on mountain on top of that the farm!
Cold over there at night! So caught a cold I.

And the farm is on a mountain! It gets cold there at night! So I caught
a cold.

Tapos can mean *and then* or *and.*

Pa here means *in addition* or *on top of that.*

Maginaw – *chilly, cold* (used to describe the weather or a place).

Pag gabi – *at night.*

Sipon – *a cold.* **Magkasipon** – *to catch a cold.*

At saka ang daming lamok doon!

And also so many-[linker] mosquito over there!

And there were loads of mosquitoes there!

At saka (tsaka, chaka) – *and... too; and also.* **Maganda siya, at saka**
matalino. – *She's pretty, and smart too.*

A 13

Ka<u>wa</u>wa' ka naman!

Poor you [sympathy]!

You poor thing!

Ka<u>wa</u>wa' – *poor (pitiful).*

A 14

Sa <u>su</u>sunod, i<u>sa</u>sama kita <u>pa</u>ra hindi' ako mag-isa.

Next time, will be taken along by me you so that not I alone.

Next time, I'll take you along, so you can keep me company. (... so I won't be alone there.)

Sa <u>su</u>sunod – *next time.*

I<u>sa</u>ma – *to take someone along, to include.*

<u>Pa</u>ra here means *so that.*

Drills

B 01

Su<u>su</u>nduin kita **pagka<u>ta</u>pos ng** laro'.

Will be picked up by me you after game.

I'll pick you up after the game.

B 02

I<u>ha</u>hatid kita <u>bu</u>kas ng <u>u</u>maga.

Will be brought by me you tomorrow of morning.

I'll bring you (there) tomorrow morning.

<u>Bu</u>kas ng u<u>ma</u>ga – *tomorrow morning.*

B 03

Alam mo ba ang <u>ba</u>gong number ko?

Known by you [question] the new-[linker] number my?

Do you know my new number?

Oo. Imi-missed-call kita para sigurado.

Yes. Will be given a missed call by me you just to be sure.

Yes. I'll give you a missed call, just to be sure.

I-missed call – *to give someone a missed call.*

Para sigurado – *just to be sure.*

Natalo mo ba siya sa chess?

Was defeated by you [question] he/she at chess?

Did you beat him at chess?

Matalo – *to be beaten (defeated), can be beaten, to lose.* **Natalo niya ako.** – *He/she beat me.* **Natalo ako.** – *I lost.*

Hindi' ko siya kayang talunin e.
Natatalo niya ako agad.

Not by me he/she can-[linker] be defeated I'm afraid.
Is defeated by him/her I immediately.

I can't beat him. He beats me in no time.

Kaya -ng + basic form – *can/could (…)* (expressing ability).

Talunin – *to be defeated.*

Manalo – *to win.* **Nanalo ako!** – *I won!*

Pero matatalo kita!

But will be able to be defeated by me you!

But I can beat you!

Sa bukid

Bakit parang umitim ka, Pablo?
A, kasi galing ako sa bukid ng lolo ko.
Talaga? Ano ang ginawa' mo roon?
Tagaalaga' ako ng mga baboy at kalabaw.
Ang saya naman!
Hindi' ano! Nakakapagod ang trabaho! At ang baho'!
Talaga?
Oo. Sobra. At may dumi kung saan-saan.
Talagang nahirapan ako. Tapos, nahulog pa ang isang sapatos ko sa ilog.
Tapos, nasa bundok pa ang bukid! Maginaw doon pag gabi! Kaya' nagkasipon ako.
At saka ang daming lamok doon!
Kawawa' ka naman!
Sa susunod, isasama kita para hindi' ako mag-isa.

Drills

Susunduin kita pagkatapos ng laro'.
Ihahatid kita bukas ng umaga.
Alam mo ba ang bagong number ko?
Oo. Imi-missed-call kita para sigurado.
Natalo mo ba siya sa chess?
Hindi' ko siya kayang talunin e. Natatalo niya ako agad.
Pero matatalo kita!

Lesson 49
Ang mga kamag-anak namin sa Hawaii

Mia talks about her relatives in Hawaii.

A 01

Ang mga kamag-anak namin sa Hawaii

The [plural] relative our (excl. you) in Hawaii

Our relatives in Hawaii

Sino ang mga nasa picture na ito?

Who the [plural] are in picture [linker] this?

Who are the people in this picture?

A, mga kamag-anak namin iyan sa Hawaii.

Ah, [plural] relative our (excl. you) that (near you) in Hawaii.

Oh, those are our relatives in Hawaii.

Talaga? Ano ang trabaho nila roon?

Really? What the work their over there?

Really? What do they do there?

Nasa US Navy ang tito ko.

Is in US Navy the uncle my.

My uncle is in the U.S. Navy.

Lumipat sila sa Hawaii noong 1992 noong isinara ang Subic Bay Naval Base.

Moved they to Hawaii in 1992 when was closed the Subic Bay Naval Base.

They moved to Hawaii in 1992 when the Subic Bay Naval Base closed down.

Lumipat – *to move (live in a different place), to transfer.*

A 07

May mga anak ba sila?

Have [plural] son/daughter [question] they?

Do they have kids?

A 08

Oo, meron silang tatlong anak.

Yes, have they-[linker] three-[linker] son/daughter.

Yes, they have three kids.

Ipinanganak ba ang mga anak nila sa Hawaii?

Were born [question] *the* [plural] *son/daughter their in Hawaii?*

Were their kids born in Hawaii?

A 10

Hindi', ang bunso' lang.

No, the youngest child only.

No, only the youngest.

Bunso' – *the youngest child.*

A 11

Ang una at pangalawa, ipinanganak sa Pilipinas.

The first and second, were born in Philippines.

The first two were born in the Philippines.

The POD may come before the News when showing contrast.

Optional reading: POD–pause–News (ETG p. 425/382).

A 12

Ma<u>ru</u>nong ba silang mag-Tag<u>a</u>log?

Know how [question] they-[linker] to speak Tagalog?

Do they know how to speak Tagalog?

A 13

Ang pa<u>nga</u>nay lang ang ma<u>ru</u>nong mag-Tag<u>a</u>log.

The eldest child only the knows how to speak Tagalog.

Only the eldest knows how to speak Tagalog.

Pa<u>nga</u>nay – *the eldest.*

A 14

Hindi' pa sila u<u>mu</u>uwi' ng Pilip<u>i</u>nas mula' noong umalis sila.

Not yet they go home [Ng marker] Philippines since left they.

They haven't been back in the Philippines since they left.

Umuwi' – *to go or come home.*

In some cases, **ng** may also be used to indicate direction. This direction should be a place (not a movable object or a person).

Mula' noong – *since, after.*

Drills

B 01

<u>u</u>na, pangalawa, pangatlo, pang-<u>a</u>pat, panlima

first, second, third, fourth, fifth

first, second, third, fourth, fifth

> Ordinal numbers starting with **pang-** are generally used in informal Tagalog.

B 02

pang-<u>a</u>nim, pampito, pangwalo, pansiyam, pansampu'

sixth, seventh, eighth, ninth, tenth

sixth, seventh, eighth, ninth, tenth

B 03

panlabing-isa, panlabindalawa, ..., pandalawampu'

eleventh, twelfth, ..., twentieth

eleventh, twelfth, ..., twentieth

pantatlumpu't isa, ...,
pang-apatnapu't dalawa, ..., panlimampu'

thirty-first, ...,
forty-second, ..., fiftieth

thirty-first, ..., forty-second, ..., fiftieth

B 05

Iisa lang ang anak nila.

Only one only the son/daughter their.

They have only one child.

Iisa – *only one*. **Dadalawa** – *only two*.

Lang is optional. **Iisa, iisa lang** – *only one*.

B 06

**Binigyan ko sina Josh at Mario
ng tig-isang tsokolate.**

*Was given to by me [Ang marker] Josh and Mario
[Ng marker] one each (for 2) chocolate.*

I gave Josh and Mario one (piece of) chocolate each.

Tig-isa – *one each* (for two persons or things). **Tigdalawa** – *two each* (for two persons or things).

B 07

**Binigyan ko ang mga bata'
ng tig-iisang candy.**

*Was given to by me the [plural] child
[Ng marker] one each (for 3+) candy.*

I gave the children one candy each.

Tig-iisa – *one each* (for 3 or more persons or things). **Tigdadalawa** – *two each* (for 3 or more persons or things).

Pan<u>lima</u>han ang sasakyang ito.

For groups of five the *vehicle-[linker]* this.

This vehicle can carry five people.

Pan<u>lima</u>han – *for groups of 5.* **Pang-<u>ani</u>man** – *for groups of 6.*

B 09

Da<u>la</u>-dalawampu' lang ang <u>pwe</u>deng pu<u>ma</u>sok.

In groups of twenty only *the* can-[linker] *enter.*

Only 20 people at a time may enter.

Isa-isa – *one by one.* **Da<u>la</u>-dalawa** – *in pairs.*

Tatatlo na lang
ang **ngipin** ko **dahil** nabangga' ako sa **lamesa.**

*Only three now only
the* tooth *my* because *crashed* I *into* table.

I have only three teeth left because I crashed into the table.

If the News of the sentence is a number, **mga** cannot be used in the
POD. **Dalawa ang kotse.** – *There are two cars. (Lit. The cars are two.)*

Mabangga' – *to bump or collide (with).*

Dadalawa na lang ang **daliri'** ko **dahil** sa paputok.

Only two now only the finger my because of firework.

I have only two fingers left because of fireworks.

Optional reading: Other number expressions (ETG p. 274/246).

Ang mga kamag-anak namin sa Hawaii

Sino ang mga nasa picture na ito?
A, mga kamag-anak namin iyan sa Hawaii.
Talaga? Ano ang trabaho nila roon?
Nasa US Navy ang tito ko.
Lumipat sila sa Hawaii noong 1992 noong isinara ang
Subic Bay Naval Base.
May mga anak ba sila?
Oo, meron silang tatlong anak.
Ipinanganak ba ang mga anak nila sa Hawaii?
Hindi', ang bunso' lang.
Ang una at pangalawa, ipinanganak sa Pilipinas.
Marunong ba silang mag-Tagalog?
Ang panganay lang ang marunong mag-Tagalog.
Hindi' pa sila umuuwi' ng Pilipinas mula' noong umalis sila.

Drills

una, pangalawa, pangatlo, pang-apat, panlima
pang-anim, pampito, pangwalo, pansiyam, pansampu'
panlabing-isa, panlabindalawa, …, pandalawampu'
pantatlumpu't isa, …, pang-apatnapu't dalawa, …, panlimampu'
Iisa lang ang anak nila.
Binigyan ko sina Josh at Mario ng tig-isang tsokolate.
Binigyan ko ang mga bata' ng tig-iisang candy.
Panlimahan ang sasakyang ito.
Dala-dalawampu' lang ang pwedeng pumasok.
Tatatlo na lang ang ngipin ko dahil nabangga' ako sa lamesa.
Dadalawa na lang ang daliri' ko dahil sa paputok.

Lesson 50
Ang mga OFW

About Overseas Filipino Workers (OFWs).

A 01

Ang mga OFW

The *[plural]* *OFW*

The OFWs

OFW – *Overseas Filipino Worker.*

Maraming Overseas Filipino Worker
sa ibang bansa'.

There are many-[linker] Overseas Filipino Worker
in other-[linker] country.

There are many Overseas Filipino Workers abroad.

Sa ibang bansa' – *abroad, in/to another country.*

Humigit-kumulang labing-isang milyon
ang mga OFW sa buong mundo.

Approximately eleven-[linker] million
the [plural] OFW in whole-[linker] world.

There are approximately eleven million OFWs worldwide.

Sa buong mundo – *worldwide, in the whole world.*

Ang karamihan sa kanila ay nasa US at Middle East.

The majority of them [ay] are in US and Middle East.

Most of them are in the US and in the Middle East.

Ma__rami__ ring OFW sa Japan, Hong Kong, Singapore at Eu__ro__pa.

There are many also-[linker] OFW in Japan, Hong Kong, Singapore and Europe.

There are also many OFWs in Japan, Hong Kong, Singapore and Europe.

May mga doktor, nurse at caregiver.

There are [plural] doctor, nurse and caregiver.

There are doctors, nurses and caregivers.

Mayroon ding mga inhin__ye__ro, arki__tek__to at construction worker.

There are also-[linker] [plural] engineer, architect and construction worker.

There are also engineers, architects and construction workers.

**Ilang libo pang
mga IT specialist, mga guro'
at mga pari' ang nasa ibang bansa'.**

A few/several-[linker] *thousand* *in addition-[linker]*
[plural] *IT specialist,* *[plural]* *teacher*
and *[plural]* *priest* *the* *are in* *other-[linker]* *country.*

And there are thousands of IT specialists, teachers and priests abroad.

**Marami ring mga entertainer
at domestic helper.**

There are many *also-[linker]* *[plural]* *entertainer*
and *domestic worker.*

There are also many entertainers and domestic workers.

**Ang pera na ipinadadala nila ay
13% ng GDP ng Pilipinas.**

*The money [linker] is sent by them [ay]
13% of GDP of Philippines.*

*The money they send (home) accounts for 13% of the GDP of the
Philippines.*

Ipinadadala (or **ipinapadala**) is the uncompleted form of **ipadala**.

Drills

B 01

Hindi' ma_tu_tuloy ang pl_a_no ko na mag-migrate sa Canada.

Not will go ahead the plan my [linker] to migrate to Canada.

My plan to migrate to Canada fell through. (My plan... won't go ahead.)

Matuloy – *to go ahead.*

Hindi' matuloy – *to not go ahead* or *to fall through.*

Pl_a_no na + basic form – *plan to (...).*

B 02

Ano ang b_a_lak mo?

What the plan your?

What do you plan to do?

Isasama ko ang pamilya ko sa UK sa Setyembre.

Will be taken along by me the family my to UK in September.

I'm taking my family along to the UK in September.

Isinama niya ang kaibigan niya sa Boracay noong isang linggo.

Was taken along by him/her the friend his/her to Boracay last one-[linker] week.

He/she took his/her friend along to Boracay last week.

Noong isang linggo – *last week.*

Isinasama ko ang kapatid ko sa palengke.

Is taken along by me the sibling my to market.

I take my brother/sister along to the market (regularly).

I'm taking (I'll take) my brother/sister along. – **Isasama ko ang kapatid ko.**

**Hindi' pwede ang maletang ito sa loob ng eroplano.
Kasi masyadong malaki.**

*Not allowed the suitcase-[linker] this in inside of airplane.
Because too-[linker] big.*

This suitcase can't be taken into the airplane (cabin). It's too big.

Masyado -ng + adjective – *too (…).*

Hindi' ito kasya sa ilalim ng upuan.

Not this fits in place beneath of seat.

It won't fit under the seat.

Kasya – *fitting somewhere or someone; sufficient.* **Kasya kay Mary ang T-shirt.** – *The T-shirt fits Mary.* **Kasya ang 100 pesos.** – *100 pesos is/will be sufficient.*

Before moving on to Lesson 51, it's a good idea to review Lessons 41–45.

Ang mga OFW

Maraming Overseas Filipino Worker sa ibang bansa'.
Humigit-kumulang labing-isang milyon ang mga OFW sa buong mundo.
Ang karamihan sa kanila ay nasa US at Middle East.
Marami ring OFW sa Japan, Hong Kong, Singapore at Europa.
May mga doktor, nurse at caregiver.
Mayroon ding mga inhinyero, arkitekto at construction worker.
Ilang libo pang mga IT specialist, mga guro' at mga pari' ang nasa ibang bansa'.
Marami ring mga entertainer at domestic helper.
Ang pera na ipinadadala nila ay 13% ng GDP ng Pilipinas.

Drills

Hindi' matutuloy ang plano ko na mag-migrate sa Canada.
Ano ang balak mo?
Isasama ko ang pamilya ko sa UK sa Setyembre.
Isinama niya ang kaibigan niya sa Boracay noong isang linggo.
Isinasama ko ang kapatid ko sa palengke.
Hindi' pwede ang maletang ito sa loob ng eroplano. Kasi masyadong malaki.
Hindi' ito kasya sa ilalim ng upuan.

Lesson 51
Lumipat na siya

Nathan just moved to Australia.

A 01

Lumipat na **siya**

Moved *already* *he/she*

He has moved

Ki<u>la</u>la mo si Nathan, di ba?

Known (for persons) *by you* *[Ang marker]* Nathan, *right?*

You know Nathan, right?

Ki<u>la</u>la – *known* (used to refer to persons).

<u>O</u>o. <u>Ba</u>kit?

Yes. *Why?*

Yes. Why?

Lu<u>mi</u>pat na siya sa Australia noong isang linggo.

Moved *already* *he/she* *to* *Australia* *last* *one-[linker]* *week.*

He's moved to Australia last week.

A 05

Talaga? May trabaho na ba siya roon?

Really? Have work already [question] he/she over there?

Really? Does he (already) have a job there?

A 06

May kontrata na siya.
Kaso lang, probationary pa.

Have contract already he/she.
The only thing is, probationary still.

He already has a contract, but he's still on probation.

A 07

A. E may asawa na ba siya?

Ah. And have spouse already [question] he/she?

I see. Is he married?

Here, **e** is used to ask about another aspect of the situation being discussed.

**Wala' pa. May girlfriend siya dati,
pero naghiwalay na sila.**

*Has none yet. Had girlfriend he/she before,
but separated already they.*

Not yet. He had a girlfriend before, but they broke up.

Talaga? Kumusta naman daw ang buhay doon?

Really? How is [related topic] he/she says the life over there?

Really? So what does he think of life there?

Naman can be used for introducing a topic that is related to what has just been talked about.

Sapat naman ba ang naipon niya?

Sufficient [related topic] [question] the was saved by him/her?

And does he have enough savings?

Maipon – *to be able to save, to accumulate.* **Ang naipon** – *the thing/amount that was saved; the savings.*

A 11

**Kulang nga' raw e,
kaya' nakikitira lang siya sa kaibigan niya.**

*Not enough in fact he/she says unfortunately,
that's why is living just he/she at friend his/her.*

He doesn't have enough, he said, that's why he's staying with a friend.

Makitira – *to live in a relative's or friend's house.*

A 12

**Siguradong mas mahal ang upa roon kaysa rito.
Magkano kaya' ang binabayad niya?**

*Surely-[linker] more expensive the rent over there than here.
How much I wonder the is paid by him/her?*

*I'm sure the rent is higher there than here. I wonder how much he
pays.*

Libre raw doon sa kai**bi**gan niya,
pero sandali' lang siya **pwe**deng tu**mi**gil doon.

Free he/she says over there at friend his/her,
but short time only he/she can-[linker] stay over there.

He said he could stay at his friend's place for free, but he could only stay there for a short time.

Here, **sa kaibigan niya** means *at his friend's place*.

Sandali' can also mean *(for) a short time*.

Tumigil – *to stop, to stay*.

Drills

Mas madali' ang b<u>u</u>hay niya
mula' noong **magkaroon** siya ng p<u>e</u>ra.

More *easy* *the* *life* *his/her*
since *come to have* *he/she* *[Ng marker]* *money.*

His life has been easier ever since he started to have money.

Mula' noong may be followed by the completed form or the basic
form. **Mula' noong nag-a<u>sa</u>wa/mag-a<u>sa</u>wa siya** – *since he got married.*

Magkaroon here means *to come to have or possess.*

Mas madali' ang b<u>u</u>hay niya
mula' noong **magkap<u>e</u>ra** siya.

More *easy* *the* *life* *his/her*
since *come to have money* *he/she.*

His life has been easier ever since he started to have money.

Here, **magka-** means *to come to have or possess.*

Magkaroon ng p<u>e</u>ra / magkap<u>e</u>ra – *to come to have money.*

Optional reading: **Magka-** [2] (ETG p. 156/138).

Nagkaroon siya ng problema dahil sa bisyo niya.

Came to have he/she [Ng marker] problem because of vice his/her.

He ran into problems because of his bad habit (vice).

Bisyo usually refers to smoking, drugs, alcohol, gambling and the like.

B 04

Nagkaproblema siya dahil sa bisyo niya.

Came to have a problem he/she because of vice his/her.

He ran into problems because of his bad habit (vice).

B 05

Paano kayo nagkaroon ng kotse?

How you (plural) got [Ng marker] car?

How did you get a car?

Pa_a_no kayo nagka_ko_tse?

How you (plural) *got a car?*

How did you get a car?

Magka_ka_roon sila ng _b_ahay sa isang taon.

Will own they *[Ng marker]* house *in* one-[linker] *year.*

They will own a house in one year's time.

Sa isang taon – *next year, in one year (from now).*

Magka_ka_ba_hay sila sa isang taon.

Will own a house they *in* one-[linker] *year.*

They will own a house in one year's time.

For the uncompleted and unstarted forms of a **magka-** verb: /ka/ is repeated instead of the first syllable of the root.

Lumipat na siya

Kilala mo si Nathan, di ba?

Oo. Bakit?

Lumipat na siya sa Australia noong isang linggo.

Talaga? May trabaho na ba siya roon?

May kontrata na siya. Kaso lang, probationary pa.

A. E may asawa na ba siya?

Wala' pa. May girlfriend siya dati, pero naghiwalay na sila.

Talaga? Kumusta naman daw ang buhay doon?

Sapat naman ba ang naipon niya?

Kulang nga' raw e, kaya' nakikitira lang siya sa kaibigan niya.

Siguradong mas mahal ang upa roon kaysa rito. Magkano kaya' ang binabayad niya?

Libre raw doon sa kaibigan niya, pero sandali' lang siya pwedeng tumigil doon.

Drills

Mas madali' ang buhay niya mula' noong magkaroon siya ng pera.

Mas madali' ang buhay niya mula' noong magkapera siya.

Nagkaroon siya ng problema dahil sa bisyo niya.

Nagkaproblema siya dahil sa bisyo niya.

Paano kayo nagkaroon ng kotse?

Paano kayo nagkakotse?

Magkakaroon sila ng bahay sa isang taon.

Magkakabahay sila sa isang taon.

Lesson 52
Ang mga Koreano sa Pilipinas

More and more Koreans are coming to the Philippines.

A 01

Ang mga Koreano sa Pilipinas

The [plural] Korean in Philippines

The Koreans in the Philippines

A 02

Dumarami ang mga Koreano dito sa Laguna.

Are increasing in number the *[plural] Korean here* in *Laguna.*

There are more and more Koreans here in Laguna.

Dumami – *to increase in number.*

A 03

Oo nga'. Turista ba silang lahat?

Yes indeed. Tourist [question] they-[linker] all?

Yes, that's true. Are they all tourists?

A 04

Hindi' naman. Marami ring estudyante.

No [softener]. There are many also-[linker] student.

No. Many of them are students.

A 05

Ano ang inaaral nila rito?

What the is studied by them here?

What are they studying here?

A 06

Ingles.

English.

English.

A 07

Sa bagay.
Marunong mag-Ingles ang mga Pilipino.

Indeed, now that I think about it.
Know how to speak English the [plural] Filipino.

Indeed, now that I think about it. Filipinos know how to speak English.

Sa bagay – *indeed, now that I think about it (…); but then, now that I think about it (…)*; (used for adding a remark that makes what has been said seem less surprising).

A 08

Oo. At gusto rin ng mga Koreano ang mga karaoke at resort dito.

Yes. And liked also by [plural] Korean the [plural] karaoke and resort here.

Yes. And the Koreans also like the karaoke and resorts here.

A 09

Tama', maraming resort dito at mga beach.

Correct, there are many-[linker] resort here and [plural] beach.

That's right. There are many resorts and beaches here.

A 10

At marami ring language schools.

And there are many also-[linker] language schools.

And there are a lot of language schools too.

Alam mo ba,
lahat daw sila may dalang laptop sa klase?

Known by you [question],
all they say they have brought-[linker] laptop in class?

Did you know that they all bring a laptop to class?

May dalang laptop – *brings/brought a laptop (lit. has a brought laptop).*

A 12

Talaga? Sino ang nagsabi sa iyo niyan?

Really? Who the said to you that (near you)?

Really? Who told you that?

A 13

Iyong pinsan ko.
Nagtuturo' siya sa isang school para sa mga Koreano.

That (over there)-[linker] cousin my.
Teaches he/she in one-[linker] school for [plural] Korean.

My cousin. She teaches in a school for Koreans.

Iyong pinsan ko – *my cousin.* **Iyong** or **yung** are often used as
alternatives to **ang** in conversation.

Kumusta naman ang trabaho niya?

How is [related topic] the work his/her?

How does she like her work? (How's her work?)

**Masaya raw.
Marunong na nga' siyang mag-Koreano e!**

Fun he/she says.
Knows how already in fact he/she-[linker] to speak Korean even!

She says it's fun. In fact, she even speaks Korean now!

Nga'... e – *in fact... even.*

Drills

B 01

Nagtuturo' si **Arnold** ng **Ingles**
sa **mga** estu<u>dyan</u>teng Kore<u>a</u>no.

Teaches [Ang marker] Arnold [Ng marker] English
to [plural] student-[linker] Korean.

Arnold teaches English to Korean students.

B 02

Iti<u>nuturo</u>' ni **Arnold** ang **mga** leksyon
sa **mga** estu<u>dyan</u>teng Kore<u>a</u>no.

Is taught by Arnold the [plural] lesson
to [plural] student-[linker] Korean.

Arnold teaches the lessons to Korean students.

B 03

Ano ang **iti<u>nuturo</u>'** <u>di</u>to?

What the is taught here?

What is taught here?

B 04

Ingles ang itinuturo' dito.

English the is taught here.

English is (what is) taught here.

B 05

Sino ang nagtuturo' dito?

Who the teaches here?

Who teaches here?

B 06

Si Arnold ang nagtuturo' dito.

[Ang marker] Arnold the teaches here.

Arnold is the one who teaches here.

anuman, sinuman

whatever, whoever

whatever, whoever

Anuman/sinuman/etc. – the more formal way of saying **kahit (na)
ano/sino/etc.**

---

kailanman, saanman, alinman

whenever, wherever, whichever

whenever, wherever, whichever

Ang mga Koreano sa Pilipinas

Dumarami ang mga Koreano dito sa Laguna.
Oo nga'. Turista ba silang lahat?
Hindi' naman. Marami ring estudyante.
Ano ang inaaral nila rito?
Ingles.
Sa bagay. Marunong mag-Ingles ang mga Pilipino.
Oo. At gusto rin ng mga Koreano ang mga karaoke at resort dito.
Tama', maraming resort dito at mga beach.
At marami ring language schools.
Alam mo ba, lahat daw sila may dalang laptop sa klase?
Talaga? Sino ang nagsabi sa iyo niyan?
Iyong pinsan ko. Nagtuturo' siya sa isang school para sa mga Koreano.
Kumusta naman ang trabaho niya?
Masaya raw. Marunong na nga' siyang mag-Koreano e!

Drills

Nagtuturo' si Arnold ng Ingles sa mga estudyanteng Koreano.
Itinuturo' ni Arnold ang mga leksyon sa mga estudyanteng Koreano.
Ano ang itinuturo' dito?
Ingles ang itinuturo' dito.
Sino ang nagtuturo' dito?
Si Arnold ang nagtuturo' dito.
anuman, sinuman
kailanman, saanman, alinman

Lesson 53
Facebook

Mia is trying to get Julius to join Facebook.

A 01

Facebook

Facebook

Facebook

May Facebook account ka ba?

Have Facebook account you [question]?

Do you have a Facebook account?

Wala'.

Have none.

No.

Bakit wala'?

Why have none?

Why not?

Kasi wala' akong oras para diyan.

Because have no I-[linker] time for that (near you).

Because I don't have time for such things.

**Sayang. Ang saya kasi sa Facebook.
Lalo na kung maraming kaibigan.**

*What a pity. Very fun because on Facebook.
Especially if have many-[linker] friend.*

That's a pity, because Facebook is so much fun. Especially when you have a lot of friends.

**Sige na... sumali' ka na!
Madali' lang naman gumawa' ng profile.**

*Please, please... join you now!
Easy only [contrast] to make [Ng marker] profile.*

Please, why don't you join! It's so easy to create a profile.

Sige na... – *please, please...* (used for asking someone to do something).

Madali' lang – *quite easy.*

Madali' (-ng) + basic form. – *It's easy to (...).*

**Ha? E ano naman
ang isusulat ko sa profile ko?**

*Huh? But what [resistance]
the will be written by me on profile my?*

Huh? But what will I write on my profile?

**Kahit ano. Mga paborito mong libro o pelikula,
o kaya' mga hobbies mo.**

*Anything. [Plural] favorite your-[linker] book or film,
or [plural] hobbies your.*

Anything. Your favorite books or films, or your hobbies.

O kaya' *– or (else).*

Pwede ka ring makipag-chat sa mga kaibigan mo.

Can you also-[linker] chat with [Sa marker] [plural] friend your.

You can also chat with your friends.

A 11

Mga kai<u>bi</u>gan ko? Wala' sila sa Facebook 'no!

[Plural] friend my? Are not they on Facebook you know!

My friends? They're not on Facebook, you know!

A 12

**<u>Pu</u>ro computer games lang
ang gi<u>na</u>gawa' ng mga iyon!**

*Nothing other than computer games only
the are done by [plural] that (over there)!*

Computer games is all they ever do!

Ng mga iyon – *(of/by) those/them (far from you and me).*

Drills

B 01

**Gusto niyang mag-alaga'
ng mga hayop.**

*Wanted by him/her-[linker] to take care of
[Ng marker] [plural] animal.*

He/she wants to take care of animals.

B 02

Gusto ba ninyong kumain sa restaurant?

Wanted [question] by you (plural)-[linker] to eat in restaurant?

Do you want to eat in a restaurant?

B 03

Gustong kumain ni Daisy ng merienda.

Wanted-[linker] to eat by Daisy [Ng marker] snack.

Daisy wants to have a snack.

B 04

Mahilig siyang mag-computer.

Fond of he/she-[linker] using the computer.

He/she likes (using) computers.

Mag-computer – *to use or do things on a computer.*

B 05

Mahilig silang mag-tennis.

Fond of they-[linker] playing tennis.

They like playing tennis.

Mag-tennis – *to play tennis.*

B 06

Mahilig mag-gym si Gary.

Fond of going to the gym [Ang marker] Gary.

Gary likes going to the gym.

Mag-gym – *to go to the gym.*

Facebook

May Facebook account ka ba?
Wala'.
Bakit wala'?
Kasi wala' akong oras para diyan.
Sayang. Ang saya kasi sa Facebook. Lalo na kung maraming kaibigan.
Sige na… sumali' ka na! Madali' lang naman gumawa' ng profile.
Ha? E ano naman ang isusulat ko sa profile ko?
Kahit ano. Mga paborito mong libro o pelikula, o kaya' mga hobbies mo.
Pwede ka ring makipag-chat sa mga kaibigan mo.
Mga kaibigan ko? Wala' sila sa Facebook 'no!
Puro computer games lang ang ginagawa' ng mga iyon!

Drills

Gusto niyang mag-alaga' ng mga hayop.
Gusto ba ninyong kumain sa restaurant?
Gustong kumain ni Daisy ng merienda.
Mahilig siyang mag-computer.
Mahilig silang mag-tennis.
Mahilig mag-gym si Gary.

Lesson 54
Maganda ang bala<u>hi</u>bo niya

Tagpi's coat looks better than ever.

A 01

Maganda ang **bala<u>hi</u>bo** niya

Beautiful the *fur* his/her

His coat looks good

A 02

**Maganda na ang balahibo ni Tagpi'
ngayon a!**

*Beautiful unlike before the fur of Tagpi
now [admiration/surprise/etc.]!*

Tagpi's coat looks good now!

Here, **na** means *unlike before.*

A 03

Oo nga'.

Yes indeed.

Yes, that's true.

A 04

**Dati kamot siya nang kamot,
kasi may pulgas siya.**

*Before scratching he/she and (repetition) scratching,
because had flea he/she.*

He used to scratch a lot because he had fleas.

A 05

At hindi' lang pulgas, kundi' garapata!

And not only flea, but also tick!

And not just fleas, but ticks too!

Hindi' lang... kundi' – *not only... but (also).*

A 06

Kadiri' naman!

Disgusting [disgust]!

Yuck!

Kadiri' – *disgusting, gross.*

Kadiri'! – *Yuck!; Ew!*

A 07

Paano natanggal ang mga pulgas at garapata niya?

How were removed the [plural] flea and tick his/her?

How did you get rid of his fleas and ticks?

Sinuklay ko lang siya.
Di' naman masyadong mahirap tanggalin.

Was combed by me just he/she.
Not [contrast] too-[linker] difficult to be removed.

I just combed him. They weren't so hard to remove.

Di' is short for **hindi'**.

Kaso lang, dapat suklayin siya araw-araw.

The only thing is, should be combed he/she every day.

But you need to comb him every day.

Dapat (-ng) + basic form – *ought to/must/should (…)*.

Kung hindi', bumabalik ang mga pulgas at garapata.

If not, come back the [plural] flea and tick.

If not, the fleas and ticks come back.

A 11

Buti naman at may **nag-aalaga'** kay **Tagpi'.**

It's good that there is *takes care of* [Sa marker] *Tagpi.*

It's good that there's someone taking care of Tagpi.

Buti at, mabuti at – *it's good (that).*

If the object of a verb that is used as a noun is a personal name or a personal pronoun, it can only be expressed as a Sa phrase.

Optional reading: Verbs used as nouns and their objects (ETG p. 102/89).

A 12

Mas cute **at** mas **malusog** na **siya** ngayon.

More cute *and* more *healthy* unlike before *he/she* now.

He's cuter and healthier now.

Drills

B 01

**Ano ang pinakagusto mong insekto:
ipis, langgam, lamok o langaw?**

*What the most liked by you-[linker] insect:
cockroach, ant, mosquito or fly?*

What's your favorite insect: cockroaches, ants, mosquitoes or flies?

Pinakagusto – *favorite, wanted/liked the most.*

B 02

Kadiri' silang lahat!

Disgusting they-[linker] all!

They're all disgusting!

B 03

Maraming kambing sa Ilocos.

There are many-[linker] goat in Ilocos.

There are many goats in Ilocos.

May tupa sa hardin ng kapitbahay ni Josh.

There is sheep *in* garden *of* neighbor *of* Josh.

There's a sheep in Josh's neighbor's garden.

May mga kalesa sa Vigan.

There are [plural] kalesa in Vigan.

There are kalesas in Vigan.

Kalesa – *a horse-drawn two-wheeled carriage.*

Masarap sumakay sa kabayo.

Fun to ride *on* horse.

It's fun to ride on a horse.

Masarap (-ng) + basic form – *It's nice/fun/relaxing to (…).*

**Gusto mo bang mangabayo
sa Tagaytay?**

*Wanted by you [question]-[linker] to go horseback riding
in Tagaytay?*

Do you want to go horseback riding in Tagaytay?

Mangabayo – *to go horseback riding.*

Maraming butiki' sa kisame pag gabi.

There are many-[linker] house lizard on ceiling when night.

There are many house lizards on the ceiling at night.

Maganda ang balahibo niya

Maganda na ang balahibo ni Tagpi' ngayon a!
Oo nga'.
Dati kamot siya nang kamot, kasi may pulgas siya.
At hindi' lang pulgas, kundi' garapata!
Kadiri' naman!
Paano natanggal ang mga pulgas at garapata niya?
Sinuklay ko lang siya. Di' naman masyadong mahirap tanggalin.
Kaso lang, dapat suklayin siya araw-araw.
Kung hindi', bumabalik ang mga pulgas at garapata.
Buti naman at may nag-aalaga' kay Tagpi'.
Mas cute at mas malusog na siya ngayon.

Drills

Ano ang pinakagusto mong insekto: ipis, langgam, lamok o langaw?
Kadiri' silang lahat!
Maraming kambing sa Ilocos.
May tupa sa hardin ng kapitbahay ni Josh.
May mga kalesa sa Vigan.
Masarap sumakay sa kabayo.
Gusto mo bang mangabayo sa Tagaytay?
Maraming butiki' sa kisame pag gabi.

Lesson 55
Maligayang Pasko

Julius is not ready for Christmas.

A 01

Maligayang Pasko

Merry Christmas

Merry Christmas

Noche Buena na mamaya'!

It's Noche Buena later today!

It's going to be Noche Buena soon!

Noche Buena – *dinner on Christmas eve or after midnight on Christmas Day.*

Noche Buena na! – *It's Noche Buena!* Pasko na! – *It's Christmas!*

A 03

Oo nga'.

Yes indeed.

Yes, that's right.

A 04

May gagawin ka pa ba bago mag-Noche Buena?

Have will be done you still [question] before to be Noche Buena?

Do you still have anything to do before Noche Buena?

Bago mag-Pasko – *before Christmas.* Bago mag-ala-una – *before one o'clock.*

A 05

Oo. Kailangan ko pang magbalot ng mga regalo.

Yes. Needed by me still-[linker] to wrap [Ng marker] [plural] present.

Yes. I still have to wrap some presents.

A 06

Meron pa ba tayong pambalot dito sa bahay?

Have still [question] we (incl. you)-[linker] something used to wrap here in house?

Do we still have some gift wrap here (at home)?

Pambalot – *something that is used to wrap, such as gift wrap.*

Optional reading: **Pang-** (ETG p. 96/83).

A 07

Meron. Nandoon sa kabinet sa kwarto ni Mommy.

Have some. Is over there in cabinet in room of Mom.

Yes, we do. It's in the cabinet in Mom's room.

Ikaw? Balot na ba lahat ang mga regalo mo?

You? Wrapped already [question] all the [plural] present your?

How about you? Have you wrapped all your presents? (Are your presents all wrapped already?)

Oo. Ipinabalot ko sa pinagbilhan ko.

Yes. Were asked to be wrapped by me at was bought at by me.

Yes. I had them wrapped where I bought them.

Ipabalot – *to make or have someone wrap (something).*

Pinagbilhan here means *the place or person from which something was bought.* It is a location-POD **pag-...-an** verb used as a noun.

Optional reading: **Pag-...-an** [2] (ETG p. 187/167).

A 10

**Buti ka pa, tapos na.
Ako, labinlimang regalo pa ang babalutin ko.**

*Lucky you, done already.
I, fifteen-[linker] present still the will be wrapped by me.*

Lucky you (you're done). I still have fifteen presents to wrap.

Buti ka pa. – *Lucky you (I wish I were in your shoes).*

A 11

Talaga? Naku, bilisan mo!

Really? Oh my, be hurried by you!

Really? Hurry up!

Bilisan mo! – *Hurry up!*

Isang oras na lang, magno-Noche Buena na!

One-[linker] hour just, it will be Noche Buena!

It's Noche Buena in an hour! (One more hour to go and it's Noche Buena!)

Isang oras na lang. – *Only an hour to go.*

Magde-December na. – *It will soon be December.*

Drills

B 01

Meron pa bang buko juice?
Pahingi' naman.

There is still [question]-[linker] buko juice?
Could I have some please.

Is there some buko juice left? Could I have some?

Buko – *young coconut.*

Pahingi' – *could you let me have some (could I have some).*

B 02

Pwede akong humingi' ng tulong sa mga kapatid ko.

Can I-[linker] ask for [Ng marker] help from [plural] sibling my.

I can ask my siblings for help.

Humingi' ng – *ask for (…).* The person asked is expressed as a Sa phrase.

Lasing na lasing sila kasi
nag-<u>inu</u>man sila nang magdamag.

Drunk [linker] drunk they because
drank together they all night.

They were so drunk as they had been drinking the whole night.

(Nang) magdamag – *all night.*

Pang-alis ng pulgas ang gamot na ito.

For removing [Ng marker] flea the medicine [linker] this.

This medicine is for removing fleas.

Pam<u>ba</u>ta' ang palabas na iyan.

For children the show [linker] that (near you).

That show is for kids.

Pam<u>ba</u>ta' – *for kids.*

Optional reading: **Pang-** (ETG p. 96/83).

Panlalaki ang damit na iyan, hindi' pambabae.

For men the clothing [linker] that (near you), not for women.

That shirt/coat/etc. is for men, not for women. (That piece of clothing is for men, not for women.)

Damit – *clothes, clothing, a piece of clothing.*

Nakatanggap siya ng pantulog galing sa asawa niya.

Received he/she [Ng marker] pajamas from spouse his/her.

He/she got pajamas from his/her wife/husband.

Pantulog – *pajamas, nightie (lit. clothes for sleeping).*

B 08

Medyo manipis ang pambalot na ito.
Meron bang mas makapal?

Rather thin the something used to wrap [linker] this.
There is [question]-[linker] more thick?

This gift wrap is quite thin. Isn't there anything thicker?

Manipis – *not thick.*

Payat – *not fat.*

B 09

Maligayang Pasko at Manigong Bagong Taon!

Merry Christmas and Prosperous New Year!

Merry Christmas and a Happy New Year!

Before moving on to Lesson 56, it's a good idea to review Lessons 46–50.

Maligayang Pasko

Noche Buena na mamaya'!
Oo nga'.
May gagawin ka pa ba bago mag-Noche Buena?
Oo. Kailangan ko pang magbalot ng mga regalo.
Meron pa ba tayong pambalot dito sa bahay?
Meron. Nandoon sa kabinet sa kwarto ni Mommy.
Ikaw? Balot na ba lahat ang mga regalo mo?
Oo. Ipinabalot ko sa pinagbilhan ko.
Buti ka pa, tapos na. Ako, labinlimang regalo pa ang babalutin ko.
Talaga? Naku, bilisan mo!
Isang oras na lang, magno-Noche Buena na!

Drills

Meron pa bang buko juice? Pahingi' naman.
Pwede akong humingi' ng tulong sa mga kapatid ko.
Lasing na lasing sila kasi nag-inuman sila nang magdamag.
Pang-alis ng pulgas ang gamot na ito.
Pambata' ang palabas na iyan.
Panlalaki ang damit na iyan, hindi' pambabae.
Nakatanggap siya ng pantulog galing sa asawa niya.
Medyo manipis ang pambalot na ito. Meron bang mas makapal?
Maligayang Pasko at Manigong Bagong Taon!

Lesson 56
Sa <u>kot</u>se

Mr. and Mrs. Madrigal are driving to a party, but they seem to have lost their way.

A 01

Sa <u>kot</u>se

In car

In the car

Lumampas na tayo sa gasulinahan.

Passed already we (incl. you) [Sa marker] gas station.

We've passed the gas station.

Lumampas – *to exceed, to go beyond, to go past.*

Ibig sabihin, malapit na tayo sa venue.

That means, close now we (incl. you) to venue.

That means we're now close to the venue.

Here, **ibig sabihin** means *this/that means (…).*

**Anong klaseng pagkain raw
ang ihahanda' nila?**

*What-[linker] kind-[linker] food they say
the will be served by them?*

What kind of food are they going to serve?

Ihanda' – *to serve (food) at an event, to prepare, to make ready.*

**Spaghetti, cake, ice cream at fruit salad yata'
ang inorder nila sa caterer.**

*Spaghetti, cake, ice cream and fruit salad I think
the was ordered by them from caterer.*

*If I remember correctly, they ordered spaghetti, cake, ice cream and
fruit salad from the caterer.*

Inorder is the completed form of **orderin.**

**Tapos, may banda pa raw
na tutugtog.**

*Then, there will be band in addition I've heard
[linker] will play (an instrument).*

And there will be a band performing, I've heard.

Tumugtog – *to play (a musical instrument).*

A 07

Sandali', saan daw tayo pupunta pagkalampas ng traffic lights?

Moment, where they said we (incl. you) will go after going past [Ng marker] traffic lights?

Wait a minute, where are we supposed to go after the traffic lights?

Pagkalampas – *after going past (...).*

Optional reading: **Pag-** and **pagka-** (ETG p. 312/281).

A 08

Ano ulit ang nakasulat sa invitation?

What again the written on invitation?

What's written on the invitation again?

Nakasulat – *written.*

Dederetso raw **hanggang sa** restaurant
na **ku**lay **dilaw ang bubong.**

Will go straight it says *until* restaurant
[linker] color yellow the roof.

*It says here we have to go straight on until we get to a restaurant with
a yellow roof.*

Dume<u>ret</u>so – *to go straight on/ahead, to go straight (somewhere).*
Dume<u>ret</u>so ako sa <u>ba</u>hay. – *I went straight home.*

<u>Ku</u>lay dilaw – *yellow* (lit. *yellow-colored*).

Restaurant na dilaw ang bubong – *restaurant of which the roof is yellow;
restaurant with a yellow roof.*

<u>Ta</u>pos, <u>kaka</u>nan pagkalampas ng restaurant.

Then, will turn right after going past [Ng marker] restaurant.

Then, we must turn right after the restaurant.

Paano natin malalaman ang mga kulay ng bubong, e gabi na.

How by us (incl. you) will be known the [plural] color of roof, when evening already.

How will we know the colors of the roofs, when it's already dark.

Malaman – *to know.*

E here means *when (considering that).*

Gabi na. – *It's evening/night; It's already dark; It's already late* (only said in the evening or at night).

A 12

Ang dilim-dilim pa rito. Walang ilaw.

So dark in addition here. There is no-[linker] light.

And it's so dark here. There are no lights.

A 13

Maliligaw lang tayo.

Will get lost just we (incl. you).

We'll just get lost.

Tawagan mo nga' sila. [...]

Be called by you [impatience] they. [...]

You'd better call them. [...]

**Naku, hindi' ko mahanap ang cell phone ko.
Naiwan ko yata' sa bahay.**

*Oh no, not by me can be found the cell phone my.
Was left by me I think at home.*

Oh no, I can't find my cell phone. I must have left it at home.

Hay naku. Umuwi' na nga' lang tayo!

Oh well. Go home now [impatience] just we (incl. you)!

Oh well. Let's just go home!

Hay naku. – *Sigh; Oh well; My goodness (…); For goodness' sake (…); For crying out loud (…);* (expresses resignation or irritation, depending on the intonation).

Nga' here is used to express mild irritation or impatience.

Drills

Nakatayo' siya sa gitna' ng daan.

Standing he/she in middle of road.

He/she is/was standing in the middle of the road.

Nakatayo' – *standing.*

Optional reading: **naka-** (ETG p. 250/225).

B 02

**nakatayo', nakaupo', nakahiga',
nakatsinelas, nakasulat sa balot**

*standing, sitting, lying down,
wearing slippers, written on pack*

standing, sitting, lying down, wearing slippers, written on the pack

B 03

Kanta nang kanta ang mga bata'.

Singing and (repetition) singing the [plural] child.

The children keep/kept on singing.

Tulog nang **tulog** ang **mga** p<u>u</u>sa' sa labas.

Sleeping and (repetition) sleeping the [plural] cat in outside.

The cats outside keep/kept on sleeping.

Ubo siya **nang** ubo <u>da</u>hil sa <u>u</u>sok.

Coughing he/she and (repetition) coughing because of smoke.

He/she keeps/kept on coughing because of the smoke.

Naligaw sila **papuntang** Ba<u>na</u>ue.

Got lost they on the way to-[linker] Banaue.

They got lost on the way to Banaue.

Maligaw – *to get lost (not knowing where you are).*

Mawala' – *to get lost (cannot be found).* **Na<u>wa</u>wala' ang <u>su</u>si'.** – *The key is missing.*

Sa kotse

Lumampas na tayo sa gasulinahan.
Ibig sabihin, malapit na tayo sa venue.
Anong klaseng pagkain raw ang ihahanda' nila?
Spaghetti, cake, ice cream at fruit salad yata' ang inorder nila sa caterer.
Tapos, may banda pa raw na tutugtog.
Sandali', saan daw tayo pupunta pagkalampas ng traffic lights?
Ano ulit ang nakasulat sa invitation?
Dederetso raw hanggang sa restaurant na kulay dilaw ang bubong.
Tapos, kakanan pagkalampas ng restaurant.
Paano natin malalaman ang mga kulay ng bubong, e gabi na.
Ang dilim-dilim pa rito. Walang ilaw.
Maliligaw lang tayo.
Tawagan mo nga' sila. […]
Naku, hindi' ko mahanap ang cell phone ko. Naiwan ko yata' sa bahay.
Hay naku. Umuwi' na nga' lang tayo!

Drills

Nakatayo' siya sa gitna' ng daan.
nakatayo', nakaupo', nakahiga', nakatsinelas, nakasulat sa balot
Kanta nang kanta ang mga bata'.
Tulog nang tulog ang mga pusa' sa labas.
Ubo siya nang ubo dahil sa usok.
Naligaw sila papuntang Banaue.

Lesson 57
Ang debut ng kai<u>b</u>igan ko

Julius asks Mia about her friend's 18th birthday party.

A 01

Ang debut ng kai<u>b</u>igan ko

The debut of friend my

My friend's debut

Debut – a girl's 18th birthday ball or party, given mainly by middle and upper-class families.

Kumusta ang debut ni Marielle?

How was the debut of Marielle?

How was Marielle's debut?

Mabuti naman. Bongga ang party.

Fine [softener]. Grand the party.

Fine. The party was grand.

Bongga – *lavish, grand, extravagant, swanky, flashy.*

**Ang laki ng cake, tapos, may sikat na banda
na tumugtog.**

*Very big of cake, and, there was famous [linker] band
[linker] played.*

The cake was huge and there was a famous band that played.

Ang ganda rin ng cotillon na sinayaw nila.

Very beautiful *also* *of* *cotillon* *[linker]* *was danced* *by them.*

The cotillon they danced was quite impressive too.

Mayaman ba sila?

Rich *[question]* *they?*

Are they rich?

Medyo. May negosyo ang tatay niya.

Rather. *Has* *business* *the* *dad* *his/her.*

Yes, rather. Her dad owns a business.

Saan ang venue?

Where *the* *venue?*

Where was the party held?

Both **nasaan** and **saan** can be used to ask where a place is.

Sa isang hotel sa Makati.

In one-[linker] hotel in Makati.

In a hotel in Makati.

Ano ang regalo mo para sa kanya?

What the present your for him/her?

What present did you give her?

Isang bracelet lang. Nagustuhan naman niya.

One-[linker] bracelet just. Was liked [softener] by him/her.

Just a bracelet. I think she liked it.

Magustuhan – *to be liked.*

Drills

Taga-saan ang mga magulang ni Marielle?

From where the [plural] parent of Marielle?

Where are Marielle's parents from?

Taga-saan (...)? - *Where is/are (...) from?*

Taga-Maynila' ang tatay niya at Taga-Bicol naman ang nanay niya.

From Manila the dad his/her and from Bicol [contrast] the mom his/her.

Her dad is from Manila and her mom is from Bicol.

Taga-Maynila' – *from Manila.*

Optional reading: **taga-** [1] (ETG p. 98/84).

Nandoon si Josh, pati si Ed.

Is over there [Ang marker] *Josh,* as well as [Ang marker] Ed.

Josh is/was there, and so is/was Ed.

(At) pati – *and… too; as well.*

Lahat sila nandoon, pwera kay Fred.

All they *are over there,* except *Fred.*

They are/were all there, except Fred.

Pwera sa/kay – *except (for).*

Kailan ang kaarawan niya?

When the *birthday* his/her?

When is his/her birthday?

Kaarawan sounds rather formal. People usually say **birthday**.

**Ano? Walang cake sa party!
Ang kuripot naman nila.**

*What? There was no-[linker] cake at party!
How stingy [shock] of them.*

What? There was no cake at the party! They're so stingy.

Sayang, walang cake.

What a pity, there was no-[linker] cake.

It's a pity there was no cake.

**Mapagbigay talaga si Tito Edgar. Tingnan mo
ang relo na binigay niya sa akin.**

*Generous really [Ang marker] Uncle Edgar. Be looked at by you
the watch [linker] was given by him/her to me.*

Tito Edgar is really generous. Look at the watch he gave me.

B 09

Mahirap sila dati. Pero ngayon, mayaman na sila.

Poor *they* *before.* *But* *now,* *rich* *unlike before* *they.*

They used to be poor, but now they're rich.

Mahirap – *poor (having little money), difficult.*

B 10

Pasok na ang tanghalian sa presyo, pati ang pamasahe.

Included *already* *the* *lunch* *in* *price,* *as well as* *the* *fare.*

Lunch is already included in the price, and so is the fare.

Here, **pasok** means *included.*

B 11

Hindi' pa kasama ang pamasahe.

Not *yet* *included* *the* *fare.*

The fare is not yet included.

Here, **kasama** means *included.*

Ang debut ng kaibigan ko

Kumusta ang debut ni Marielle?
Mabuti naman. Bongga ang party.
Ang laki ng cake, tapos, may sikat na banda na tumugtog.
Ang ganda rin ng cotillon na sinayaw nila.
Mayaman ba sila?
Medyo. May negosyo ang tatay niya.
Saan ang venue?
Sa isang hotel sa Makati.
Ano ang regalo mo para sa kanya?
Isang bracelet lang. Nagustuhan naman niya.

Drills

Taga-saan ang mga magulang ni Marielle?
Taga-Maynila' ang tatay niya at Taga-Bicol naman ang nanay niya.
Nandoon si Josh, pati si Ed.
Lahat sila nandoon, pwera kay Fred.
Kailan ang kaarawan niya?
Ano? Walang cake sa party! Ang kuripot naman nila.
Sayang, walang cake.
Mapagbigay talaga si Tito Edgar. Tingnan mo ang relo na binigay niya sa akin.
Mahirap sila dati. Pero ngayon, mayaman na sila.
Pasok na ang tanghalian sa presyo, pati ang pamasahe.
Hindi' pa kasama ang pamasahe.

Lesson 58
<u>Lu</u>tong Pinoy

Let's talk about food.

A 01

<u>Lu</u>tong Pinoy

Cuisine-[linker] *Filipino*

Philippine cuisine

<u>Lu</u>to' – *cuisine, cooking, something cooked.*

Pinoy – *slang for Filipino.*

Ano ang **paborito** mong **ulam?**

What *the* *favorite* *your-[linker]* *dish that goes with rice?*

What's your favorite dish?

A 03

Ako? Adobong manok.

I? *Adobo-[linker]* *chicken.*

Me? Chicken adobo.

Adobo – *meat or vegetables cooked in soy sauce, vinegar and garlic.*

A 04

Bakit?

Why?

Why?

A 05

**Kasi masarap ang sabaw na may toyo',
suka' at bawang.**

*Because delicious the sauce [linker] has soy sauce,
vinegar and garlic.*

Because the sauce with soy sauce, vinegar and garlic tastes good.

Sabaw – *sauce from stewing; soup.*

A 06

Ikaw, ano ang pinakagusto mo?

You, what the most liked by you?

And you, what do you like the most?

A 07

Pinakbet.

Pinakbet.

Pinakbet.

Pinakbet – *a vegetable stew with shrimp paste.*

A 08

Talaga?

Really?

Really?

A 09

Oo. Mahilig kasi ako sa ampalaya, bagoong at iba pang gulay.

Yes. Fond of because I [Sa marker] bitter melon, shrimp paste and other more-[linker] vegetable.

Yes. I like bitter melon, shrimp paste and other vegetables.

Mahilig sa – *fond of (something).*

At iba pa -ng – *and other (...).*

**Gusto ko rin ang sinigang.
Masarap kasi ang sabaw na may sampalok.**

*Liked by me also the sinigang.
Delicious because the soup [linker] has tamarind.*

I like sinigang too. The soup with tamarind is delicious.

Sinigang – *a meat or fish stew or soup with tamarind, onion, garlic, tomatoes and other vegetables.*

**Mahilig rin ako sa maanghang.
Halimbawa', atsara o Bicol Express.**

*Fond of also I [Sa marker] spicy.
For example, pickles or Bicol Express.*

I also like spicy food. Like atsara or Bicol Express.

Maanghang here is an adjective used as a noun *(spicy things/food).*

Atsara or **achara** – *pickles, usually pickled green papaya.*

Bicol Express – *a spicy stew made with chili pepper, coconut milk, pork, shrimp paste, onion and garlic.*

Naku, ang anghang **niyan! Hindi' ko kaya iyan!**

Oh, how spicy of that (near you)! Not by me can that (near you)!

Oh, that's so spicy! I can't eat that!

Kaya – *can/could (do)*. **Kaya ko iyan.** – *I can do that.*

A 13

Hindi' naman. **Sanayan** lang.

No [softener]. Matter of getting used to it just.

Not really. It's just a matter of getting used to it.

Drills

Maasim ang **calamansi' juice.** **Dapat dagdagan** ng **asukal.**

Sour the *calamansi juice.* *Should* *be added to* [Ng marker] *sugar.*

The calamansi juice is sour. You should add some sugar (to it).

Calamansi' – *a citrus fruit that looks like a small lime.*

Dagdagan – *to augment, to supplement, to add.* **Dagdagan ng asukal ang juice** – *to add sugar to the juice.*

Matapang ang **lambanog.**

Strong the *lambanog.*

(The) lambanog is strong.

Matapang – *brave; strong/hard (for drinks).*

Lambanog – *coconut liquor, which is usually 40-45% alcohol (can go up to 83%).*

B 03

Ang alak na ito ay galing Quezon.

The spirit [linker] this [ay] from Quezon.

This spirit comes from Quezon.

Alak – *wine, spirit.*

Quezon is a province in Luzon.

B 04

Malambot na ang papaya. Hinog na.

Soft now the papaya. Ripe now.

The papaya is soft now. It's ripe.

B 05

Hindi', medyo matigas pa.
Dalawang araw pa bago mahinog.

No, quite hard still.
Two-[linker] day more before becoming ripe.

No, it's still a bit hard. It needs two more days to ripen.

**Matamis at nakakabusog ang leche flan.
Paborito kong dessert iyan.**

*Sweet and filling the leche flan.
Favorite my-[linker] dessert that (near you).*

Leche flan is sweet and filling. It's my favorite dessert.

Nakakabusog – *filling (for food).*

Leche flan – *caramel custard or crème caramel.*

Ubos na ba ang La Paz batchoy?

Consumed already [question] the La Paz batchoy?

Is the La Paz batchoy finished?

La Paz Batchoy – *noodle soup with meat and vegetables.*

Hindi' pa.

Not yet.

Not yet.

Wala' akong **ganang** ku**ma**in
ng La Paz **ba**tchoy.

*Have no I-[linker] appetite-[linker] to eat
[Ng marker] La Paz batchoy.*

I don't feel like eating La Paz batchoy.

Gana – *appetite, zeal.*

Walang gana -ng + basic form – *don't feel like (...).*

B 10

Ub**u**sin mo iyan.
Sayang naman.

*Be eaten up by you that (near you).
What a waste [shame/softener/etc.].*

Finish that. It would be a waste.

Sayang can mean *what a waste* or *it would be a waste.*

Hindi' ko maubos e. Busog na ako.

Not by me can be finished I'm afraid. Full already I.

I'm afraid I can't finish it. I'm full.

Lutong Pinoy

Ano ang paborito mong ulam?

Ako? Adobong manok.

Bakit?

Kasi masarap ang sabaw na may toyo', suka' at bawang.

Ikaw, ano ang pinakagusto mo?

Pinakbet.

Talaga?

Oo. Mahilig kasi ako sa ampalaya, bagoong at iba pang gulay.

Gusto ko rin ang sinigang. Masarap kasi ang sabaw na may sampalok.

Mahilig rin ako sa maanghang. Halimbawa', atsara o Bicol Express.

Naku, ang anghang niyan! Hindi' ko kaya iyan!

Hindi' naman. Sanayan lang.

Drills

Maasim ang calamansi' juice. Dapat dagdagan ng asukal.

Matapang ang lambanog.

Ang alak na ito ay galing Quezon.

Malambot na ang papaya. Hinog na.

Hindi', medyo matigas pa. Dalawang araw pa bago mahinog.

Matamis at nakakabusog ang leche flan. Paborito kong dessert iyan.

Ubos na ba ang La Paz batchoy?

Hindi' pa.

Wala' akong ganang kumain ng La Paz batchoy.

Ubusin mo iyan. Sayang naman.

Hindi' ko maubos e. Busog na ako.

Lesson 59
Sa pro<u>bin</u>sya

Julius asks Mia about Kuya Nick's upcoming wedding in the country.

A 01

Sa pro<u>bin</u>sya

In province

In the country(side)

Pro<u>bin</u>sya – *province, countryside.*

**Pupunta tayo sa kasal nina Kuya Nick
sa Disyembre di ba?**

Will go *we (incl. you)* *to* wedding *of (plural)* Older Brother Nick
in December *right?*

We're going to Kuya Nick's wedding in December, right?

A 03

Oo. Pupunta ang buong pamilya doon.

Yes. *Will go* *the* *whole-[linker]* *family* over there.

Yes. The whole family is going.

A 04

Sa probinsya ba ang kasal nila?

In province *[question]* *the* *wedding* their?

Is their wedding going to be in the country?

Oo. Sa bayan nina Kuya Nick.

Yes. In town of (plural) Older Brother Nick.

Yes. In Kuya Nick's town.

Here, **nina Kuya Nick** means *of Kuya Nick and company.*

Ano nga' ba ulit ang trabaho ni Kuya Nick sa Pampanga? Nakalimutan ko na.

What please [question] again the work of Older Brother Nick in Pampanga? Was forgotten by me already.

What's Kuya Nick's job (what does he do) again in Pampanga? I've forgotten.

Ano (nga') (ba) ulit...? – *What... again?* **Ano nga' ulit ang pangalan niya?** – *What's his/her name again?*

Pampanga is a province in Luzon.

Nagma-manage siya **ng** palayan **nila.**

Manages he/she *[Ng marker]* rice field *their.*

He manages their rice fields.

Palayan – *rice field(s).*

Naaalala mo pa ba **ang** palayan **nila?**
Nakapunta na tayo roon.

Is remembered by you *still [question]* the rice field *their?*
Have been we (incl. you) *over there.*

Do you still remember their rice fields? We've been there.

Maalala – *to remember.*

Nakapunta na – *has been (somewhere).*

Optional reading: Verb expressing ability in completed form + **na** (ETG p. 348/313).

Hindi' ko na maa<u>la</u>la e.

Not by me anymore can be remembered unfortunately.

I don't remember anymore.

Sa <u>ba</u>gay.
Dalawang taon ka pa lang <u>ya</u>ta' noon.

Indeed, now that I think about it.
Two-[linker] year you only if I remember correctly back then.

Well, now that I think about it, you were only two years old back then,
I think.

Here, **dalawang taon** means *two years old.*

Pa lang – *only, just.*

Maganda roon sa <u>ba</u>yan nila.
Ta<u>hi</u>mik at mababait ang mga <u>ta</u>o.

Beautiful over there in town their.
Quiet and friendly (plural) the [plural] person.

It's nice there, in their town. It's quiet and the people are friendly.

Ta<u>hi</u>mik – *quiet, peaceful.*

Drills

B 01

Na<u>na</u>kaw ang **mga** manok **nina** <u>Ti</u>to Nilo.

Were stolen the *[plural]* chicken *of (plural)* Uncle Nilo.

Tito Nilo's chickens got stolen. (Tito Nilo and company's chickens got stolen.)

B 02

Wala' ba **silang** <u>a</u>so **na** nag<u>ba</u>bantay?

Have no [question] *they-[linker]* dog *[linker]* keeps guard?

Don't they have a dog guarding the place?

Magbantay – *to watch over, to keep guard, to keep an eye on.*

B 03

Patay na **ang** <u>a</u>so **nila.**

Dead already *the* dog *their.*

Their dog already died.

Ang m<u>a</u>las naman!

How unlucky [sympathy]!

How unlucky!

Tina<u>wa</u>gan nila ang pulis <u>pa</u>ra ma<u>hu</u>li ang mga magna<u>na</u>kaw.

Was called by them the police so that can be caught the [plural] thief.

They called the police to have the thieves arrested. (... so that the thieves could be caught.)

Ta<u>wa</u>gan – *to call (to phone).*

Here, **p<u>a</u>ra** means *so that.*

May sa<u>ri</u>li silang palayan sa Pamp<u>a</u>nga.

Have own they-[linker] rice field in Pampanga.

They have their own rice field(s) in Pampanga.

Sa<u>ri</u>li – *self, (one's) own.*

B 07

Ang swerte naman!

How lucky [envy/surprise/etc.]!

How lucky!

Swerte – *luck, fate.* **Maswerte** – *lucky.*

B 08

Ano ang itinanim nila?

What the was planted by them?

What did they plant?

B 09

Nagtanim sila ng mga gulay at prutas.

Planted they [Ng marker] [plural] vegetable and fruit.

They planted vegetables and fruits.

Sa probinsya

Pupunta tayo sa kasal nina Kuya Nick sa Disyembre di ba?
Oo. Pupunta ang buong pamilya doon.
Sa probinsya ba ang kasal nila?
Oo. Sa bayan nina Kuya Nick.
Ano nga' ba ulit ang trabaho ni Kuya Nick sa Pampanga?
Nakalimutan ko na.
Nagma-manage siya ng palayan nila.
Naaalala mo pa ba ang palayan nila? Nakapunta na tayo roon.
Hindi' ko na maalala e.
Sa bagay. Dalawang taon ka pa lang yata' noon.
Maganda roon sa bayan nila. Tahimik at mababait ang mga tao.

Drills

Nanakaw ang mga manok nina Tito Nilo.
Wala' ba silang aso na nagbabantay?
Patay na ang aso nila.
Ang malas naman!
Tinawagan nila ang pulis para mahuli ang mga magnanakaw.
May sarili silang palayan sa Pampanga.
Ang swerte naman!
Ano ang itinanim nila?
Nagtanim sila ng mga gulay at prutas.

Lesson 60
Ang kasal

Lily's aunt took a day off from work to attend Lily's wedding. The next day, her colleague asks how the wedding went.

A 01

Ang **kasal**

The *wedding*

The wedding

A 02

Kumusta ang **kasal** ni **Lily** ka<u>ha</u>pon?

How was the wedding of Lily yesterday?

How was Lily's wedding yesterday?

A 03

Mab<u>u</u>ti naman. **Ang ganda** ng **sim<u>ba</u>han** at **ng hotel.**
At **masarap ang pag<u>ka</u>in.**

*Fine [softener]. Very beautiful of church and of hotel.
And delicious the food.*

Fine. The church and the hotel were so beautiful. And the food was good.

A 04

Ang ganda rin ng wedding dress ni **Lily.**
B<u>a</u>gay na **b<u>a</u>gay** sa **kanya.**

*Very beautiful also of wedding dress of Lily.
Suitable [linker] suitable [Sa marker] him/her.*

Lily's wedding dress was so pretty too. It really suited her.

B<u>a</u>gay – *suitable.*

B<u>a</u>gay sa/kay – *suits (...).*

Saan daw ang honeymoon nila?

Where *they said* *the* *honeymoon* *their?*

Where are they going on their honeymoon?

Sa Hong Kong daw.

To *Hong Kong* *I've heard.*

To Hong Kong, I've heard.

A. Graduate na ba si Lily?

Ah. *Graduate* *already* *[question]* *[Ang marker]* *Lily?*

I see. Has Lily finished her studies?

<u>Oo</u>. Accountancy ang kin<u>u</u>ha' niya.

Yes. Accountancy the was taken by him/her.

Yes. She studied Accountancy.

<u>Ku</u>nin – *to get, to take, to fetch*. The root is **<u>ku</u>ha'**.

<u>Ku</u>nin is an irregular verb. Its different forms are **<u>ku</u>nin**, **kin<u>u</u>ha'**, **kin<u>uku</u>ha'**, **<u>kuku</u>nin**.

E ang as<u>a</u>wa niya?

How about the spouse his/her?

How about her husband?

Si Nick? Business Management.
Balak daw niyang magnegosyo.

[Ang marker] *Nick?* *Business Management.*
Planned *I've heard* *by him/her-[linker]* *to start a business.*

Nick? Business Management. I've heard he's planning to start a business.

Balak ko -ng + basic form – *I'm planning to (...).*

Magnegosyo – *to start or run a business.*

Drills

B 01

Bi<u>na</u>ta' na si Josh!
Ang <u>ba</u>ba' na ng <u>bo</u>ses niya.

Teenage boy now [Ang marker] Josh!
Very low now of voice his/her.

Josh is a young man now! His voice has gotten quite deep.

Bi<u>na</u>ta' – *a teenage boy, an unmarried man.*

B 02

Gustong magpakasal ng <u>pin</u>san ko
sa girlfriend niya.

Wanted-[linker] to get married by cousin my
to girlfriend his/her.

My cousin wants to marry his girlfriend.

Madalas makipag<u>ki</u>ta' si Lily sa kanya noong da<u>la</u>ga pa siya.

Often meet with [Ang marker] Lily [Sa marker] him/her when unmarried woman still he/she.

Lily used to see him a lot when she was still single.

Madalas + basic form – *often (…)*.

Da<u>la</u>ga – *a teenage girl, an unmarried woman.*

B 04

Mag-a<u>sa</u>wa silang dalawa.

Married they-[linker] two.

They're married. (The two of them are married.)

Mag-a<u>sa</u>wa – *husband and wife; married.*

B 05

Nagpakasal sina Jerry at Linda noong isang taon.

Got married [Ang marker] Jerry and Linda last one-[linker] year.

Jerry and Linda got married last year.

Buntis na si Linda.

Pregnant now [Ang marker] Linda.

Linda is pregnant.

**Kinasal sila ng kakilala nilang pari'
sa Tagaytay.**

*Were married they by acquaintance their-[linker] priest
in Tagaytay.*

They were married in Tagaytay by a priest they knew.

Kakilalang pari' *– a priest who is an acquaintance.*

Congratulations, marunong ka nang mag-Tagalog!

Congratulations, know how you now-[linker] to speak Tagalog!

Congratulations, you can speak Tagalog now!

Ma_ra_ming sa_la_mat sa paggа_mit ng LearningTagalog.com.

Many-[linker] thanks for using of LearningTagalog.com.

Thank you very much for using LearningTagalog.com.

Please let us know if you have reached the end of this course. We would like to congratulate you personally!

You are now well-equipped to participate in everyday conversations with native speakers. If you don't have anyone to practice with, you can look for a Tagalog tutor online.

You may still want to review Lessons 51–60. Aside from that, the grammar reference contains material not covered in the course, such as more affixes, expressions, various describing words and a lot of examples to expand your vocabulary and to consolidate what you have already learned.

We hope you enjoyed the course and we look forward to hearing your comments.

Ma_ra_ming sa_la_mat!

Frederik and Fiona

Ang kasal

Kumusta ang kasal ni Lily kahapon?
Mabuti naman. Ang ganda ng simbahan at ng hotel. At masarap ang pagkain.
Ang ganda rin ng wedding dress ni Lily. Bagay na bagay sa kanya.
Saan daw ang honeymoon nila?
Sa Hong Kong daw.
A. Graduate na ba si Lily?
Oo. Accountancy ang kinuha' niya.
E ang asawa niya?
Si Nick? Business Management. Balak daw niyang magnegosyo.

Drills

Binata' na si Josh! Ang baba' na ng boses niya.
Gustong magpakasal ng pinsan ko sa girlfriend niya.
Madalas makipagkita' si Lily sa kanya noong dalaga pa siya.
Mag-asawa silang dalawa.
Nagpakasal sina Jerry at Linda noong isang taon.
Buntis na si Linda.
Kinasal sila ng kakilala nilang pari' sa Tagaytay.
Congratulations, marunong ka nang mag-Tagalog!
Maraming salamat sa paggamit ng LearningTagalog.com.

Quick references

Summary of markers and pronouns

		Ang	Ng	Sa
singular	for personal names	si	ni	kay
	for all others	ang (yung)	ng (nung)	sa
plural	for personal names	sina	nina	kina
	for all others	ang mga (yung mga)	ng mga (nung mga)	sa mga

	Ang	Ng	Sa
I, my etc.	ako	ko	(sa) akin
you, your etc. (singular)	ikaw, ka	mo	(sa) iyo
he/she, his/her etc.	siya	niya	(sa) kanya
we, our etc. (excluding you)	kami	namin	(sa) amin
we, our etc. (including you)	tayo	natin	(sa) atin
you, your etc. (plural)	kayo	ninyo / niyo	(sa) inyo
they, their etc.	sila	nila	(sa) kanila

	Ang	Ng	Sa
this etc. (near me)	ito	nito	dito / rito
that etc. (near you)	iyan	niyan	diyan / riyan
that/it etc. (far from you and me)	iyon	niyon / noon	doon / roon

these etc. (near me)	ang mga ito	ng mga ito	sa mga ito
	itong mga ito	nitong mga ito	
those etc. (near you)	ang mga iyan	ng mga iyan	sa mga iyan
	iyang mga iyan	niyang mga iyan	
those/they etc. (far from you and me)	ang mga iyon	ng mga iyon	sa mga iyon
	iyong mga iyon	niyong / noong mga iyon	

In this book, Ang phrase, Ng phrase and Sa phrase are used to refer to the three marker and pronoun groups.

phrase	refers to—	examples
Ang phrase	• phrases introduced by an Ang marker, • Ang pronouns	ang ba<u>bae</u> si Bill siya ito
Ng phrase	• phrases introduced by a Ng marker, • Ng pronouns	ng ba<u>bae</u> ni Bill niya nito
Sa phrase	• phrases introduced by a Sa marker, • Sa pronouns	sa ba<u>bae</u> kay Bill kanya <u>di</u>to

Order of enclitic words

When there are two or more enclitic words in a sentence, they generally appear in the following order:

1	2			3	4
ka	na/pa	naman	pala	niya	ako
ko	man	daw/raw	kaya'	namin	siya
mo	nga'	po'/ho'	muna	natin	kami
	din/rin	ba	tuloy	ninyo	tayo
	lang		kasi	nila	kayo
			yata'		sila
			sana	kita	

Note: Enclitic particles (column 2) are generally used in the order given above, i.e. **na** comes before **man**, **lang** before **naman** etc.

List of Tagalog verb affixes

verb affix	POD	meaning	ETG
-an 1	object	to do something to a person or a thing (expresses various kinds of actions)	p. 109/94
-an 2	object	to cause something to become; *to make*	p. 110/95
-an 3	direction	to do something in the (physical or psychological) direction of	p. 111/96
-an 4	beneficiary	to do something for	p. 112/98
-an +rep2 1	object	to do something occasionally, at random, a little, a bit, now and then or here and there	p. 113/99
-an +rep2 2	direction	to do something in the (physical or psychological) direction of, occasionally, at random, a little, a bit, now and then or here and there	p. 114/100
i- 1	object	to do something to a person or a thing (expresses various kinds of actions)	p. 115/101
i- 2	beneficiary	to do something for	p. 117/102
i- +rep2	object	to do something occasionally, at random, a little, a bit, now and then or here and there	p. 118/103

verb affix	POD	meaning	ETG
ika-	cause	to cause, to be the cause of	p. 119/104
-in 1	object	to do something to a person or a thing (expresses various kinds of actions)	p. 120/105
-in 2	direction	to do something in the (physical or psychological) direction of	p. 121/106
-in 3	doer	to be affected or overtaken by a condition, feeling or phenomenon	p. 122/107
-in +rep2	object	to do something occasionally, at random, a little, a bit, now and then or here and there	p. 124/109
ipa-	object	to let, make or have someone do something	p. 125/110
ipag- 1	beneficiary	to do something for	p. 126/111
ipag- 2	object	to do something to a thing	p. 127/112
ipag- +rep1	object	to do something repeatedly, continually, a lot, intensively or frequently; or, to do something involving multiple objects	p. 128/113
ipang- 1	instrument	to do something using	p. 129/114
ipang- 2	object	to do something to a person or a thing	p. 130/115

verb affix	POD	meaning	ETG
ka-...-an 1	location	to do something in/on/at; or, to occur in/on/at	p. 131/116
ka-...-an 2	direction	to feel or experience something	p. 132/117
ma- 1	doer	to do something (expresses various kinds of actions)	p. 133/118
ma- 2	doer	to do something unintentionally; or, to get into a certain state unintentionally	p. 134/119
ma- 3	doer	to feel an emotion	p. 135/120
ma- 4	object	to be able to do something to a person or a thing	p. 136/121
ma- 5	object	to do something involuntarily or accidentally	p. 138/122
ma- 6	object	to perceive something	p. 139/123
ma- +rep2	doer	to feel something slightly, a little or a bit	p. 140/124
ma-...-an 1	doer	to experience a quality or a condition	p. 141/125
ma-...-an 2	doer	to feel a particular way about something	p. 143/126
ma-...-an 3	object	to experience something	p. 144/128
mag- 1	doer	to do something (expresses various kinds of actions)	p. 145/128

verb affix	POD	meaning	ETG
mag- 2	doer	to take up an occupation	p. 146/129
mag- 3	doer	to use or wear something	p. 147/130
mag- 4	doer	to perform a reciprocal action	p. 148/131
mag- 5	none	to be	p. 149/132
mag- +rep1	doer	to do something repeatedly, continually, a lot, intensively or frequently	p. 150/133
mag- +rep2 1	doer	to perform a reciprocal action involving three or more doers	p. 151/134
mag- +rep2 2	doer	to do something occasionally, at random, a little, a bit, now and then or here and there	p. 152/135
mag-...-an	doer	to do something together, simultaneously or reciprocally	p. 153/136
magka- 1	doer/none	to occur involuntarily or unexpectedly	p. 155/137
magka- 2	doer	to come to have or possess	p. 156/138
magka- 3	doer	to manage to do something reciprocally	p. 157/139
magka- +rep2	doer	to attain a certain state thoroughly	p. 158/140

verb affix	POD	meaning	ETG
magkanda-	doer	to occur accidentally or involuntarily as a result of something and involving three or more doers	p. 159/141
magma-	doer	to pretend to be someone you are not; or, to assume a certain quality	p. 160/142
magpa-	doer	to let, make or have someone do something; or, to enable someone to do something	p. 161/143
magpaka-	doer	to strive to be or do something	p. 164/146
magsi-, magsipag-	doer	to perform a collective action or an action involving three or more doers	p. 165/147
maka- 1, makapag-, makapang-	doer	to be able to do something	p. 166/148
maka- 2	doer	to do something unintentionally or accidentally	p. 167/149
maka- 3	doer	to feel or experience something	p. 169/150
maki- 1	doer	to join in an act	p. 170/151

verb affix	POD	meaning	ETG
maki- 2	doer	to do something involving someone else's possessions or personal space with their permission	p. 171/152
makipag-	doer	to do something with someone	p. 172/153
makipag-...-an	doer	to do something with someone	p. 173/154
mang- 1	doer	to do something (expresses various kinds of actions)	p. 174/155
mang- 2	doer	to perform an action directed toward multiple objects; or, to do something repeatedly, habitually or professionally	p. 175/156
mang- 3	doer	to do something harmful or destructive deliberately	p. 176/157
mang- 4	doer	to do a recreational activity	p. 177/158
mang- 5	doer	to become something partially or temporarily	p. 178/159
mapa- 1	doer	to do something involuntarily	p. 179/160

verb affix	POD	meaning	ETG
mapa- 2	doer	to be able to let, make or have someone do something; or, to be able to cause something to become something	p. 180/161
pa-...-an 1	object	to let, make or have someone do something	p. 181/162
pa-...-an 2	direction	to let, make or have someone do something in the (physical or psychological) direction of	p. 183/164
pa-...-in	object	to let, make or have someone do something; or, to cause something to get bigger, faster etc.	p. 185/165
pag-...-an 1, pang-...-an	direction	to do something in the (physical or psychological) direction of	p. 186/166
pag-...-an 2	location	to do something in/on/at	p. 187/167
pag-...-an 3	reference	to do something concerning	p. 188/168
pag- +rep1- ...-an 1	object	to do something repeatedly, continually, a lot, intensively or frequently; or, to do something to multiple objects	p. 189/169

verb affix	POD	meaning	ETG
pag- +rep1- ...-an 2	direction	to do something in the (physical or psychological) direction of, repeatedly, continually, a lot, intensively or frequently; or, to do something directed toward multiple objects	p. 190/170
pag- +rep1 +rep1-...-an 1	object	to do something to multiple objects repeatedly, continually, a lot, intensively or frequently	p. 192/171
pag- +rep1 +rep1-...-an 2	direction	to do something directed toward multiple objects repeatedly, continually, a lot, intensively or frequently	p. 193/173
pag-...-in 1	object (person asked)	to make someone do something	p. 195/174
pag-...-in 2	object	to put two things together or closer to each other	p. 196/175
pag- +rep1- ...-in	object	to do something repeatedly, continually, a lot, intensively or frequently; or, to do something involving multiple objects	p. 197/176

verb affix	POD	meaning	ETG
pag- +rep1 +rep1-...-in	object	to do something to multiple objects repeatedly, continually, a lot, intensively or frequently	p. 198/177
pag- +rep2- ...-in	object	to put three or more things together or closer to one another	p. 199/178
papang-....-in	object (person asked)	to let, make or have someone do something	p. 201/180
(-)um- 1	doer	to do something (expresses various kinds of actions)	p. 202/181
(-)um- 2	none	expresses natural phenomena	p. 203/182
(-)um- 3	doer	to become or get	p. 204/183
(-)um- +rep2	doer	to do something occasionally, at random, a little, a bit, now and then or here and there	p. 205/184

List of Tagalog noun affixes

noun affix	meaning	ETG
-an 1	a place where a large quantity of the thing meant by the root is put, planted, or can be found	p. 80/68
-an 2	a place where the action expressed by the root is performed	p. 81/69
-an 3	a period in which the action expressed by the root is collectively performed	p. 81/69
-an 4	a tool or an object that is used to measure what is meant by the root	p. 82/69
-an 5	reciprocal or joint performance of the action expressed by the root	p. 82/70
-in	an object of the action expressed by the root	p. 83/70
ka-	a person or a thing with whom the place, object, quality or situation expressed by the root is shared	p. 83/71
ka- +rep1, kaka-	the act of doing the action expressed by the root excessively or continuously	p. 84/71
ka-...-an 1	a person with whom the thing meant by the root is exchanged	p. 84/72
ka-...-an 2	an idea or quality expressed in a general, abstract way	p. 85/72
ka-...-an 3	a group of the things meant by the root	p. 86/73
mag-	two persons or things having the relationship expressed by the root	p. 86/74

noun affix	meaning	ETG
mag- +rep1 1	three or more persons or things having the relationship expressed by the root	p. 88/75
mag- +rep1 2	a person associated with the thing or action expressed by the root	p. 89/76
mang- +rep1	a person associated with the thing or action expressed by the root	p. 90/77
pa-	the object of an action which has been ordered or requested to be performed	p. 90/78
pa-...-an 1	a place where the action expressed by the root is performed	p. 91/79
pa-...-an 2	a contest or a competition	p. 92/79
pag-	the act of doing the action expressed by the root; or, the manner in which the action expressed by the root is performed	p. 92/79
pag- +rep1	the act of doing the action expressed by the root repeatedly or habitually	p. 93/80
pagka-, pagkaka-	the act of having done the action expressed by the root; or, the manner in which the action expressed by the root was performed	p. 94/81
pakiki-	a state or quality of being together	p. 95/82
pakikipag-	an action performed with someone	p. 95/82
pang-	a tool or an instrument that is used to perform the action expressed by the root	p. 96/83
pang- +rep1	an action or a practice associated with the thing or action expressed by the root	p. 97/83
tag-	a season	p. 97/84

noun affix	meaning	ETG
taga- 1	a native or resident of	p. 98/84
taga- 2, **tagapag-,** **tagapang-**	a person who performs the action expressed by the root; or, a person who performs an action associated with the thing expressed by the root	p. 98/85
rep2-...-an	an imitation of the thing meant by the root; a surrogate	p. 99/85

List of Tagalog adjective affixes

adjective affix	meaning	ETG
-in	*prone to, susceptible to*	p. 243/219
ka-	having something in common	p. 244/220
ka- +rep2	causing or producing something in an extreme degree	p. 245/220
ma-	(the most common adjective affix) having a certain quality or having a lot of something	p. 246/221
ma-...-in, ma- +rep1-...-in	having a certain quality to a high degree; or, *inclined to be*	p. 247/222
magka-	having something in common (describing two persons or things)	p. 247/222
magkaka-	having something in common (describing three or more persons or things)	p. 248/223
maka-	*in favor of, pro-, fond of*	p. 249/224
mapag-	having a certain quality; having a habit of doing something; fond of doing something	p. 250/225
naka-	in a certain position, state or condition; or, wearing something	p. 250/225
nakaka-	causing or producing something	p. 251/226
nakakapang-	causing or producing something	p. 252/227
pa- 1	*in the manner of*	p. 253/227
pa- 2	*about to* (often used with **na**)	p. 253/228

adjective affix	meaning	ETG
pa- +rep2	doing something now and then or here and there	p. 254/229
pala-	doing something a lot; fond of doing something	p. 255/229
pang-	*for; intended for use or wear in/on/at*	p. 256/230

About the authors

Fiona De Vos is the co-creator of *LearningTagalog.com* and the author of *Essential Tagalog Grammar*. She taught Tagalog to Japanese adults while studying in Japan and has also worked as a translator. In addition to Tagalog, Fiona speaks English, Japanese, Dutch, German and French. Fiona is also a classical singer.

Frederik De Vos is the co-creator of *LearningTagalog.com*. He holds a master's degree in engineering with a major in computer science. Good at languages, he worked as a technical translator for several years. He learned Tagalog in the Philippines and also speaks Dutch, French, English, German and Japanese.

CPSIA information can be obtained
at www.ICGtesting.com
Printed in the USA
BVHW080053271119
564919BV00012B/223/P

9 783902 909107